プリント形式のリアル過去問で本番の臨場感！

大阪府

金光八尾中学校

2025年春 受験用

解答集

本書は，実物をなるべくそのままに，プリント形式で年度ごとに収録しています。
問題用紙を教科別に分けて使うことができるので，本番さながらの演習ができます。

■　収録内容

・解答集（この冊子です）

書籍ＩＤ番号，この問題集の使い方，最新年度実物データ，リアル過去問の活用，
解答例と解説，ご使用にあたってのお願い・ご注意，お問い合わせ

・2024（令和６）年度　～　2021（令和３）年度　学力検査問題

JN132417

○は収録あり	年度	'24	'23	'22	'21		
■ 問題（前期A）		○	○	○	○		
■ 解答用紙		○	○	○	○		
■ 配点							

算数に解説
があります

☆問題文等の非掲載はありません

教英出版

■ 書籍ＩＤ番号

入試に役立つダウンロード付録や学校情報などを随時更新して掲載しています。
教英出版ウェブサイトの「ご購入者様のページ」画面で，書籍ＩＤ番号を入力してご利用ください。

書籍ＩＤ番号　121129

（有効期限：2025年9月30日まで）

【入試に役立つダウンロード付録】
「要点のまとめ(国語／算数)」
「課題作文演習」ほか

■ この問題集の使い方

年度ごとにプリント形式で収録しています。針を外して教科ごとに分けて使用します。①片側，②中央のどちらかでとじてありますので，下図を参考に，問題用紙と解答用紙に分けて準備をしましょう（解答用紙がない場合もあります）。

針を外すときは，けがをしないように十分注意してください。また，針を外すと紛失しやすくなりますので気をつけましょう。

① 片側でとじてあるもの

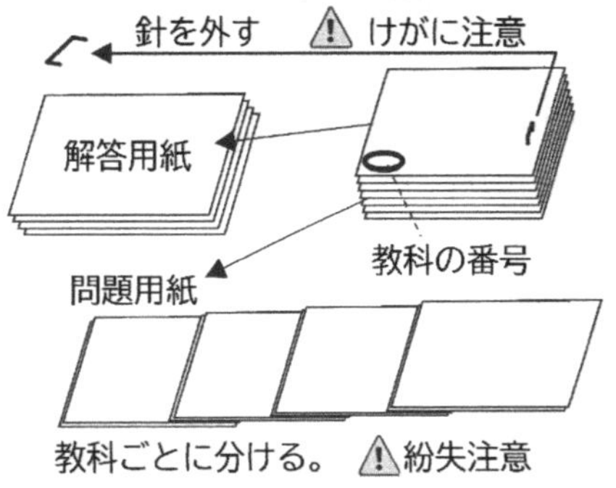

② 中央でとじてあるもの

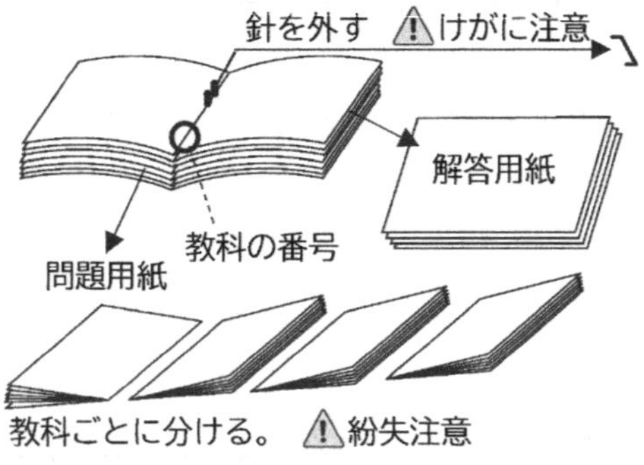

※教科数が上図と異なる場合があります。
解答用紙がない場合や，問題と一体になっている場合があります。
教科の番号は，教科ごとに分けるときの参考にしてください。

■ 最新年度 実物データ

実物をなるべくそのままに編集していますが，収録の都合上，実際の試験問題とは異なる場合があります。実物のサイズ，様式は右表で確認してください。

問題用紙	Ｂ５冊子(二つ折り)
解答用紙	Ｂ４片面プリント

リアル過去問の活用

～リアル過去問なら入試本番で力を発揮することができる～

本番を体験しよう！

問題用紙の形式（縦向き / 横向き），問題の配置や余白など，実物に近い紙面構成なので本番の臨場感が味わえます。まずはパラパラとめくって眺めてみてください。「これが志望校の入試問題なんだ！」と思えば入試に向けて気持ちが高まることでしょう。

入試を知ろう！

同じ教科の過去数年分の問題紙面を並べて，見比べてみましょう。

① 問題の量

毎年同じ大問数か，年によって違うのか，また全体の問題量はどのくらいか知っておきましょう。どのくらいのスピードで解けば時間内に終わるのか，大問ひとつにかけられる時間を計算してみましょう。

② 出題分野

よく出題されている分野とそうでない分野を見つけましょう。同じような問題が過去にも出題されていることに気がつくはずです。

③ 出題順序

得意な分野が毎年同じ大問番号で出題されていると分かれば，本番で取りこぼさないように先回りして解答することができるでしょう。

④ 解答方法

記述式か選択式か（マークシートか），見ておきましょう。記述式なら，単位まで書く必要があるかどうか，文字数はどのくらいかなど，細かいところまでチェックしておきましょう。計算過程を書く必要があるかどうかも重要です。

⑤ 問題の難易度

必ず正解したい基本問題，条件や指示の読み間違いといったケアレスミスに気をつけたい問題，後回しにしたほうがいい問題などをチェックしておきましょう。

問題を解こう！

志望校の入試傾向をつかんだら，問題を何度も解いていきましょう。ほかにも問題文の独特な言いまわしや，その学校独自の答え方を発見できることもあるでしょう。オリンピックや環境問題など，話題になった出来事を毎年出題する学校だと分かれば，日頃のニュースの見かたも変わってきます。

こうして志望校の入試傾向を知り対策を立てることこそが，過去問を解く最大の理由なのです。

実力を知ろう！

過去問を解くにあたって，得点はそれほど重要ではありません。大切なのは，志望校の過去問演習を通して，苦手な教科，苦手な分野を知ることです。苦手な教科，分野が分かったら，教科書や参考書に戻って重点的に学習する時間をつくりましょう。今の自分の実力を知れば，入試本番までの勉強の道すじが見えてきます。

試験に慣れよう！

入試では時間配分も重要です。本番で時間が足りなくなってあわてないように，リアル過去問で実戦演習をして，時間配分や出題パターンに慣れておきましょう。教科ごとに気持ちを切り替える練習もしておきましょう。

心を整えよう！

入試は誰でも緊張するものです。入試前日になったら，演習をやり尽くしたリアル過去問の表紙を眺めてみましょう。問題の内容を見る必要はもうありません。どんな形式だったかな？受験番号や氏名はどこに書くのかな？…ほんの少し見ておくだけでも，志望校の入試に向けて心の準備が整うことでしょう。

そして入試本番では，見慣れた問題紙面が緊張した心を落ち着かせてくれるはずです。

※まれに入試形式を変更する学校もありますが，条件はほかの受験生も同じです。心を整えてあせらずに問題に取りかかりましょう。

2024 解答例 令和6年度　金光八尾中学校

《国　語》

【一】問一．a．固　b．染　c．視野　d．特異　e．重宝　　問二．X．ア　Y．ウ　　問三．エ

問四．味噌のやさしい酸味が生臭みを消し、味噌そのものの匂いが生臭みを包み込んで抑えるから。

問五．C　　問六．イ　　問七．最初…魚を飯とと　最後…熟れさせた　　問八．飯や魚に酢を加えてすぐに食べられるようにした　　問九．ア．×　イ．○　ウ．×

【二】問一．a．イ　b．ウ　　問二．ウ　　問三．エ　　問四．さっと顔色を変えた　　問五．父親と手をつないで登園している昇太の姿をほほえましく思っている　　問六．ア　　問七．手　　問八．オ　　問九．イ

問十．味の良くなった味噌汁から夫の成長を感じて、少なからず感心している。

《算　数》

1　⑴①56　②$1\frac{1}{3}$　③$\frac{1}{2}$　　⑵①$1\frac{2}{3}$　②3　③336　④9

2　⑴240　⑵40　⑶2時$27\frac{3}{11}$分　⑷4

3　⑴ア．72　イ．144　⑵ア．4.56　イ．11.44

4　⑴14　⑵120　⑶960　⑷43

5　⑴ア．9　イ．28　ウ．43　⑵7　⑶8　⑷100

《英　語》

【1】1．grape　2．koala　3．onion　4．baseball

【2】1．ア　2．イ　3．エ　4．ア　5．ウ

【3】Q1．ウ　Q2．ア　Q3．イ　Q4．ア

【4】1．Please take a picture of us.　2．Wash your face before breakfast.　3．My favorite subject is English.　4．Could you give me some water?

【5】①ウ　②ア　③ウ　④イ

《理　科》

【1】⑴100　⑵70　⑶12.5　⑷9500　⑸①4000　②18000　③500　④44　⑹エ

【2】⑴①二酸化炭素　②塩化水素　③水素　⑵10　⑶中和　⑷ア　⑸ウ

【3】⑴D　⑵でんぷん　⑶ア　⑷①イ　②ア　③ア　⑸記号…F　名前…はい乳　⑹オ

【4】⑴①エ　②キ　③ク　④サ　⑤ウ　⑥ス　⑦コ　⑵10　⑶5　⑷27　⑸ウ

《社　会》

1　問1．(イ)　問2．(ア)　問3．(ウ)　問4．(オ)　問5．(ウ)　問6．さいたま　問7．ナショナルトラスト　問8．(イ)　問9．(ウ)　問10．食料自給率　問11．(ア)　問12．愛媛　問13．(エ)　問14．アパラチア　問15．(エ)

2　問1．(ウ)　問2．(ア)　問3．征夷大将軍　問4．(イ)　問5．(イ)　問6．(エ)　問7．国家総動員　問8．(ウ)　問9．(エ)　問10．行基　問11．(オ)　問12．(ア)　問13．(ウ)　問14．ロシア　問15．(エ)

3　問1．【A】非核三原則　【B】国民審査　問2．バリアフリー　問3．(ウ)　問4．(ア)　問5．(ウ)　問6．(イ)　問7．(エ)

金光八尾中学校

1 (1)① 与式＝8×18－8×11＝8×(18－11)＝8×7＝**56**

② 与式＝$\frac{7}{2}\times\frac{10}{21}+\frac{1}{2}-\frac{1}{2}\times\frac{5}{3}=\frac{5}{3}+\frac{1}{2}-\frac{5}{6}=\frac{10}{6}+\frac{3}{6}-\frac{5}{6}=\frac{8}{6}=\frac{4}{3}=\mathbf{1\frac{1}{3}}$

③ 与式＝$\frac{3}{2}\times\frac{13}{12}-\frac{3}{5}\times\frac{25}{12}+\frac{1}{8}=\frac{13}{8}-\frac{5}{4}+\frac{1}{8}=\frac{13}{8}-\frac{10}{8}+\frac{1}{8}=\frac{4}{8}=\mathbf{\frac{1}{2}}$

(2)① □＝$70\div15-3=\frac{14}{3}-3=\frac{14}{3}-\frac{9}{3}=\frac{5}{3}=\mathbf{1\frac{2}{3}}$

② □＝$\frac{3}{20}\times15+750\div1000=\frac{9}{4}+\frac{3}{4}=\frac{12}{4}=\mathbf{3}$

③ 3割引はもとの金額の1－0.3＝0.7(倍)になるから，480×0.7＝**336**(円)で売った。

④ **【解き方】樹形図をかいて考える。**

千の位に入る数は2か4だから，樹形図は右のようになり，

全部で**9**通りの数ができる。

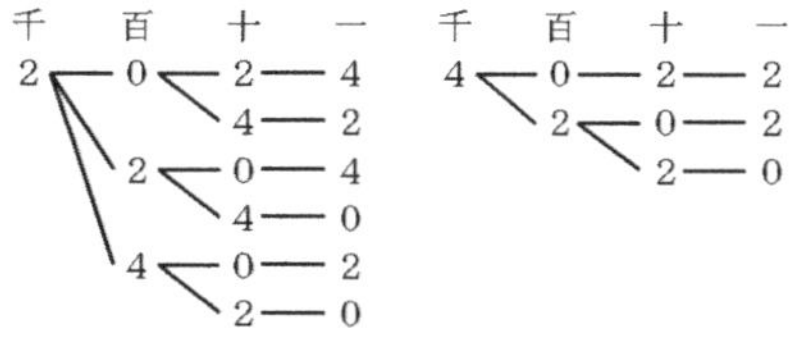

2 (1) **【解き方】880円はコロッケ何個分の値段か考える。**

コロッケ3個とハンバーグ1個の値段が等しいから，コロッケ2個とハンバーグ3個の代金はコロッケ2＋3×3＝11(個)の値段に等しい。コロッケは1個880÷11＝80(円)だから，ハンバーグは1個80×3＝**240**(円)である。

(2) **【解き方】つるかめ算を利用する。**

ボールは全部で10×90＝900(個)ある。90箱がすべて箱Bだとすると，ボールの個数は合計6×90＝540(個)となり，実際よりも900－540＝360(個)少ない。箱B1箱を箱A1箱に置きかえると，ボールの個数の合計は15－6＝9(個)増えるから，箱Aは360÷9＝**40**(箱)ある。

(3) **【解き方】短針は1時間で360°÷12＝30°進むから，1分間で30°÷60＝$\frac{1}{2}$°進む。長針は1分間に360°÷60＝6°進む。したがって，短針と長針が進む角度の差は1分あたり6°－$\frac{1}{2}$°＝$\frac{11}{2}$°である。**

2時ちょうどに短針と長針が作る小さい方の角の大きさは，30°×2＝60°である。短針よりも長針の方が速く進むから，2本の針が作る角が90°になるのは，進む角度の差が60°＋90°＝150°になるときである。よって，2時ちょうどから150°÷$\frac{11}{2}$°＝$\frac{300}{11}$＝$27\frac{3}{11}$(分後)，つまり**2時$27\frac{3}{11}$分**である。

(4) **【解き方】分配算を利用する。**

Aのメダルを2枚減らすとAはBの3倍になり，Cのメダルを8枚増やすとCはBの2倍になる。このとき，メダルの枚数の合計は30－2＋8＝36(枚)であり，A，B，Cの枚数の比は3：1：2となる。よって，Cが持っていたメダルの枚数は$36\times\frac{2}{3+1+2}-8=\mathbf{4}$(枚)である。

3 (1) 右図において，三角形ABCはAB＝ACの二等辺三角形だから，

内角の和より，角ア＝(180°－36°)÷2＝**72°**

よって，角ABC＝72°だから，角DBE＝180°－72°＝108°

角EDB＝角CAB＝36°であり，三角形の1つの外角は，これととなり合わない2つの内角の和に等しいから，角イ＝角DBE＋角EDB＝108°＋36°＝**144°**

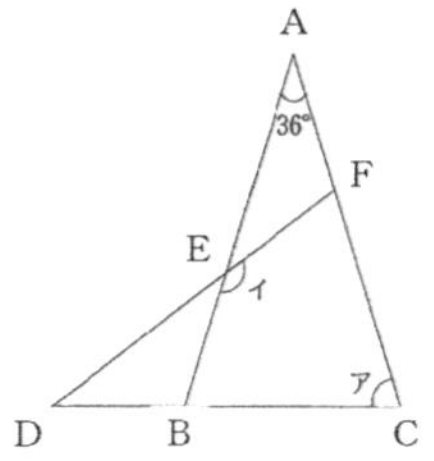

(2) **【解き方】右図のように補助線を引く。**

アの面積は半径8÷2＝4(cm)，中心角90°のおうぎ形の面積から，直角を作る2辺の長さが4cmの直角二等辺三角形の面積を引いた値《あたい》だから，

$4\times4\times3.14\times\frac{90°}{360°}-4\times4\div2=\mathbf{4.56}$(cm²)

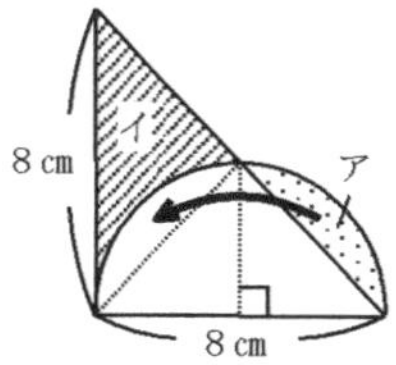

図の矢印のようにアの部分を移動すると，アとイの面積の合計は，直角を作る２辺の長さが８cmの直角二等辺三角形の面積の$\frac{1}{2}$になる。よって，アの面積は(８×８÷２)÷２－4.56＝**11.44**(cm²)

4 (1) 出発して12分後にパンクし，26分後まで修理をしてもらっているので，26－12＝**14**(分)である。

(2) 1440mの道のりを12分間で走ったから，1440÷12＝120より，分速**120**mである。

(3) 自転車がパンクしたのは家から1440mの地点であり，そこから自転車店まで20－12＝８(分間)だけ分速60mで引き返したから，家から自転車店までの道のりは1440－(20－12)×60＝**960**(m)である。

(4) **【解き方】自転車店から駅まで行くのにかかる時間を求めればよい。**

自転車店から駅までの道のりは3000－960＝2040(m)だから，2040÷120＝17(分)かかる。よって，駅に着くのは家を出発して26＋17＝**43**(分後)である。

5 (1) **【解き方】４段の図をかき，３段と比べてどれだけ増えたか数える。**

３段のときの正方形の数は，図を参考にして数えると**９**個ある。

４段の図は右のようになり，玉の数は３段のときより10個増えて18＋10＝**28**(個)であり，棒の数は３段のときより17本増えて26＋17＝**43**(本)である。

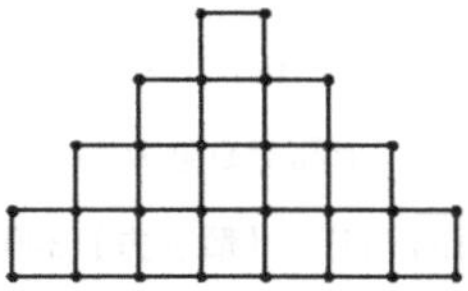

４段

(2) **【解き方】正方形の個数は１段では１個，２段では４＝２×２(個)，３段では９＝３×３(個)，…となっているので，n段では(n×n)個となる。**

２回かけて49となる整数は７だから，正方形が49個となるのは**７**段である。

(3) **【解き方】前の段と比べたときの玉の個数は，２段では10－４＝６(個)，３段では18－10＝８(個)，４段では28－18＝10(個)，…と，２個ずつ増えていく。**

段	5	6	7	8	…
玉(個)	40	54	70	88	…

具体的に玉の数を求めていくと，右の表のようになるから，88個となるのは**８**段である。

(4) **【解き方】(1)の表から規則性を考えると，棒の本数はその段の正方形の個数と玉の個数の和から１を引いた値になっているとわかる。**

段	9	10	…
正方形(個)	81	100	
玉(個)	108	130	…

(3)の表に正方形の個数を加えてさらに計算を進めると右の表のようになる。10段のとき，正方形の個数と玉の個数の和から１を引くと，100＋130－１＝229(本)となり，条件に合う。

よって，棒の本数が229本のときの正方形の個数は**100**個である。

金光八尾中学校

《国　語》

【一】問一．a．産物　b．光景　c．支障　d．努　e．試　問二．X．エ　Y．ア　問三．適切な温度は植物の暮しの維持に欠かせない環境だから　問四．ウ，エ　問五．イ　問六．水は円滑な生理活動を維持するだけでなく、炭水化物の生産にも必須であること。　問七．水の氷点とタンパク質の凝固点の間
問八．ある温度を超えると、物理的・化学的性質が変わり、植物が必要とする機能を失う
問九．ア．○　イ．○　ウ．×

【二】問一．a．きざ　b．うなばら　c．いごこち　d．はがん　e．しゃせい　問二．ウ　問三．ウ
問四．息　問五．オ　問六．初老の女性の、意外な言葉に驚いている。　問七．エ　問八．赤
問九．壁の絵を描いた人が本物そっくりに描いたと聞き、普通とはちがう八色の虹の存在を実感したから。
問十．イ

《算　数》

1　(1)2　(2)1491　(3)23.7　(4)1　(5)$\frac{1}{10}$

2　(1)10　(2)3　(3)700　(4)8　(5)105

3　(1)4500　(2)20　(3)25

4　(1)20　(2)2000　(3)15　(4)20

5　(1)ア．71　イ．32　(2)24.56　(3)64.26

6　(1)ア．15　イ．10　ウ．5　エ．25　(2)8　(3)100　(4)120

《英　語》

【1】1．garbage　2．vacation　3．straight　4．mouse

【2】1．breakfast　2．life　3．station　4．many

【3】1．ア　2．イ　3．ウ　4．イ

【4】1．ウ　2．エ　3．ウ　4．ア

【5】1．Is her aunt a music teacher?　2．What sports do you like to watch?　3．December is the twelfth month of the year.　4．I went to the beach with my friend.

【6】[①／②]　1．[ウ／イ]　2．[ア／エ]　3．[ウ／ア]　4．[オ／ウ]　5．[イ／ア]

《理　科》

【1】(1)A　(2)ウ　(3)イ　(4)ア　(5)ウ　(6)ア　(7)エ　(8)ウ

【2】(1)オ　(2)ウ　(3)オ　(4)イ　(5)二酸化炭素…エ　水蒸気…ウ　(6)イ

【3】(1)消化液　(2)イ　(3)青むらさき　(4)ア　(5)エ　(6)ウ

【4】(1)しん度　(2)①15　②3　③5　(3)9，10，29　(4)3　(5)16　(6)240　(7)ハザードマップ

《社　会》

1　問1．(イ)　問2．(ア)　問3．奥羽　問4．(イ)　問5．(ウ)　問6．(エ)
問7．前橋　問8．イタイイタイ　問9．(ウ)　問10．(ウ)　問11．加工　問12．(エ)
問13．(ア)　問14．イスラム教　問15．(イ)

2　問1．(イ)　問2．(ウ)　問3．(エ)　問4．安土　問5．(エ)　問6．(ア)
問7．(イ)　問8．日中平和友好　問9．渡来人　問10．聖武天皇　問11．(イ)　問12．(エ)
問13．寺子屋　問14．(ア)　問15．(ウ)

3　問1．【A】最高裁判所　【B】三審制　問2．(エ)　問3．(イ)　問4．国民投票　問5．(ウ)
問6．(ア)　問7．(イ)

2023 算数解説 ▶ 金光八尾中学校

令和５年度

1 (1) 与式$=\frac{7}{2}-\frac{4}{3}-\frac{1}{6}=\frac{21}{6}-\frac{8}{6}-\frac{1}{6}=\frac{12}{6}=$ **2**

(2) 与式＝1462＋29＝**1491**

(3) 与式＝2.37×10＝**23.7**

(4) 与式$=14\div\frac{7}{2}\times 4\div 16=14\times\frac{2}{7}\times 4\times\frac{1}{16}=$ **1**

(5) 与式$=\frac{9}{10}\div(\frac{1}{5}+\frac{2}{5})\div 15=\frac{9}{10}\div\frac{3}{5}\div 15=\frac{9}{10}\times\frac{5}{3}\times\frac{1}{15}=\mathbf{\frac{1}{10}}$

2 (1) 与式より，60÷□×８＝50－２　　60÷□＝48÷８　　□＝60÷６＝**10**

(2) 時速３km＝分速$\frac{3\times 1000}{60}$m＝分速50mだから，分速50mで150m進むときにかかる時間は，150÷50＝**3**(分)

(3) 25%値上げしたことで，元の値段の１＋0.25＝1.25(倍)になったから，875÷1.25＝**700**(円)

(4) ２×２×２×２×２×２×２×２＝256なので，２を**8**個かけあわせると256になる。

(5) 100÷15＝６余り10より，100に近い数として，15×６＝90と15×７＝105がある。

よって，100にいちばん近い数は**105**である。

3 (1) **【解き方】1000円あげたあとの兄の所持金を⑦，弟の所持金を⑤とすると，２人の所持金の合計は最初から⑦＋⑤＝⑫のまま変わっていない。**

兄の最初の所持金は，⑫×$\frac{3}{3+1}$＝⑨だから，⑨－⑦＝②が1000円にあたる。

よって，兄の最初の所持金は，1000×$\frac{⑨}{②}$＝**4500**(円)

(2) **【解き方】斜線部分の立方体を反対側の面までくりぬいたことで，１辺１cmの立方体が７個取り除かれた。**

１辺１cmの立方体は，最初３×３×３＝27(個)あって，27－７＝20(個)に減った。

よって，残る立体の体積は，(１×１×１)×20＝**20**(cm³)

(3) **【解き方】まず，弟が勝った回数とあいこの回数を求める。**

たかしさんは３回負けたので，弟は３回勝ったのだから，弟が勝ったときにもらった得点は，２×３＝６(点)となる。弟があいこでもらった得点は，15－６＝９(点)だから，あいこは９回あった。よって，たかしさんが勝った回数は，20－(３＋９)＝８(回)だから，たかしさんの合計点は，２×８＋１×９＝**25**(点)

4 (1) 水面の高さが仕切り板の高さと同じになったとき，仕切り板の右側の部分がいっぱいになるまでもっとも高い水面の高さは変わらないので，アにあてはまる数は**20**である。

(2) 水を入れ始めてから５分間で縦20cm，横25cm，高さ20cmの空間がいっぱいになったので，
$\frac{20\times 25\times 20}{5}$＝2000より，毎分**2000**cm³の水を入れている。

(3) 仕切り板の右側の部分は３分間で高さが20cmになったので，その容積は2000×３＝6000(cm³)である。

よって，イ＝$\frac{6000}{20\times 20}$＝**15**

(4) 水そうの容積は，縦20cm，横25＋15＝40(cm)，高さ50cmで，毎分2000cm³の水を入れているから，
$\frac{20\times 40\times 50}{2000}$＝**20**(分)

5 (1) **【解き方】折りかえして重なる角は大きさが等しいことを利用する。**

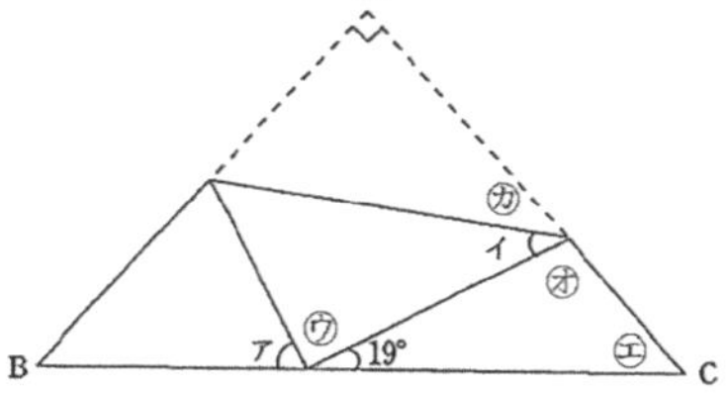

右図のように記号をおく。

角㋒＝角ＢＡＣ＝90°　　角ア＝180°－90°－19°＝**71°**

三角形ＡＢＣは直角二等辺三角形なので，角㋓＝45°だから，

角㋔＝180°－19°－45°＝116°となるので，角イ＋角㋕＝180°－116°＝64°

角イ＝角㋕だから，角イ＝64°÷２＝**32°**

⑵　右図のように補助線を引き，記号をおく。

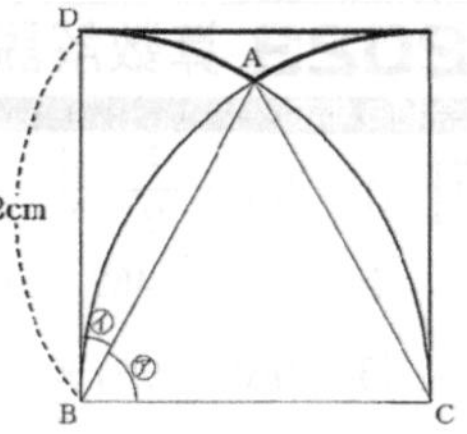

三角形ＡＢＣは正三角形になるので，角㋐＝60°だから，角㋑＝90°－60°＝30°

よって，太線部分の周りの長さは，

$12+(12\times2\times3.14\times\frac{30^\circ}{360^\circ})\times2=12+4\times3.14=$**24.56**(㎝)

⑶　右図のように作図する。斜線部分の面積は，半径６㎝の円の面積の$\frac{1}{4}$と，

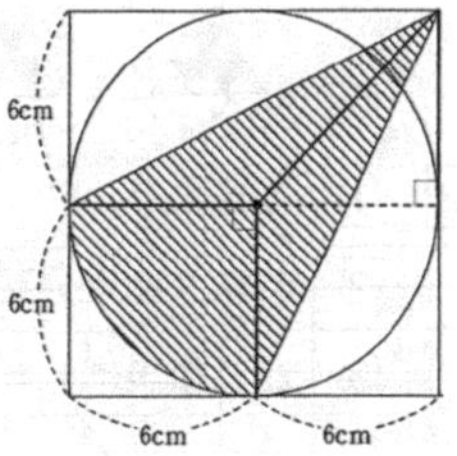

底辺が６㎝，高さが６㎝の三角形２つ分なので，

$6\times6\times3.14\times\frac{1}{4}+(6\times6\div2)\times2=28.26+36=$**64.26**(㎠)

6　⑴　**【解き方】白の個数について，２番目は１＋２＝３(個)，３番目は３＋３＝６(個)，４番目は６＋４＝10(個)……となっていて，ｎ番目の白の個数は１からｎまでの連続する整数の和と等しくなる。**

５番目の白の個数は，10＋５＝**15**(個)となる。２番目の黒の個数は１番目の白の個数と等しく，３番目の黒の個数は２番目の白の個数と等しく，４番目の黒の個数は３番目の白の個数と等しいので，５番目の黒の個数は４番目の白の個数の**10**個となる。よって，白と黒の差は15－10＝**５**(個)で，白と黒の和は15＋10＝**25**(個)となる。

⑵　１番目の白と黒の差は１個で，２番目の白と黒の差は２個で，３番目の白と黒の差は３個だから，８番目の白と黒の差は**８**個である。

⑶　１番目の白と黒の和は１＝１×１(個)，２番目の白と黒の和は４＝２×２(個)，３番目の白と黒の和は９＝３×３(個)だから，10番目の白と黒の和は，10×10＝**100**(個)

⑷　⑵と⑶より，16番目の白と黒の差は16個で，白と黒の和は16×16＝256(個)となる。

よって，16番目の黒の個数の２倍は，256－16＝240(個)だから，黒の個数は，240÷２＝**120**(個)

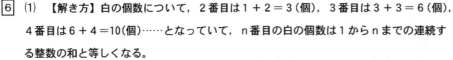

金光八尾中学校

《国　語》

【一】問一．a．善　b．比　c．代表　d．改良　e．発揮　問二．X．エ　Y．ウ　問三．イ
問四．イ　問五．野生植物と光を奪い合う競争。　問六．バラバラであること　問七．過酷な環境にじっと耐える　問八．人間によってもたらされる環境の変化を次々と乗り越えていく　問九．ア．×　イ．×　ウ．○

【二】問一．a．なっとく　b．うつ　c．なが　d．めい　e．のぞ　問二．京都より東に行ってはいけない
問三．イ　問四．効き目がなくなれば、古いお守りは納め、新しいものを買うこと。　問五．エ
問六．ウ　問七．喪失　問八．受かるはずの大学に落ちて不安になり、その原因を何かのせいにするしかなかったから。　問九．オ　問十．気休め／よけい

《算　数》

1　(1)37　(2)4　(3)39　(4)$\frac{2}{3}$　(5)$4\frac{1}{2}$

2　(1)10　(2)1750　(3)38.5　(4)120　(5)45

3　(1)5000　(2)80　(3)イ→ア→ウ

4　(1)12　(2)75　(3)49　(4)540

5　(1)太線の長さ…30.84　面積…40.52　(2)ア．27　イ．127

6　(1)30　(2)48　(3)8，7　(4)3，10

《英　語》

【1】　1．onion　2．salad　3．evening　4．nature

【2】　1．sky　2．red　3．Japanese　4．sunny

【3】　1．エ　2．イ　3．ア　4．エ

【4】　1．ウ　2．イ　3．ア　4．ウ

【5】　1．Do you play badminton on Wednesday?　2．What day do you have science lessons?
3．My sister joined the brass band club last year.　4．My best memory is our Sports Day.

【6】　[①／②]　1．[ア／イ]　2．[ア／ウ]　3．[エ／イ]　4．[オ／ウ]　5．[ウ／ア]

《理　科》

【1】(1)①0.04　②0.36　③0.12　(2)0.15　(3)①反比例　②比例　(4)0.12　(5)0.48　(6)0.24

【2】(1)二酸化炭素　(2)白　(3)イ　(4)A．アンモニア水　D．水酸化ナトリウム水溶液　E．塩酸　F．炭酸水
(5)エ

【3】(1)イ　(2)でんぷん　(3)光合成　(4)[必要な条件／わかる容器]　[エ／A，B]　[カ／B，D]
(5)発芽に肥料は必要がないこと。

【4】(1)惑星　(2)①水星　②木星　③天王星　(3)金星…イ　火星…エ　(4)ア　(5)オ　(6)ア　(7)600

《社　会》

1　問1．名古屋　問2．(ウ)　問3．(ア)　問4．赤潮　問5．(エ)　問6．(ア)
問7．産業の空どう化　問8．(イ)　問9．(ウ)　問10．対馬　問11．(イ)　問12．(エ)
問13．ロッキー　問14．(イ)　問15．(ウ)

2　問1．(イ)　問2．(ウ)　問3．平清盛　問4．(ウ)　問5．(ア)　問6．ポーツマス　問7．(エ)
問8．(エ)　問9．大王　問10．(ウ)　問11．(ア)　問12．豊臣秀吉　問13．(ア)　問14．(オ)
問15．朝鮮戦争

3　問1．【A】三権分立　【B】裁判員　問2．(イ)　問3．介護保険　問4．(ウ)　問5．(ウ)
問6．(ア)　問7．(イ)

←解答例は前のページにありますので，そちらをご覧ください。

1 (1) 与式＝112＋3－78＝115－78＝37

(2) 与式＝(51－7)÷(20－9)＝44÷11＝4

(3) 与式＝(18＋9＋3)×1.3＝30×1.3＝39

(4) 与式＝$(\frac{5}{3}\times\frac{5}{2})-\frac{21}{4}\times\frac{2}{3}=\frac{25}{6}-\frac{21}{6}=\frac{4}{6}=\frac{2}{3}$

(5) 与式＝$(\frac{7}{2}-\frac{7}{5})\div(\frac{14}{5}-\frac{7}{3})=(\frac{35}{10}-\frac{14}{10})\div(\frac{42}{15}-\frac{35}{15})=\frac{21}{10}\div\frac{7}{15}=\frac{21}{10}\times\frac{15}{7}=\frac{9}{2}=4\frac{1}{2}$

2 (1) 48の約数は，1と48，2と24，3と16，4と12，6と8の10個ある。

(2) 3割＝0.3だから，求める値段は，2500×(1－0.3)＝1750(円)

(3) 1dL＝100mLだから，3850mL＝(3850÷100)dL＝38.5dL

(4) 時計の長針は60分間に360°(1周)動くから，20分間に360°×$\frac{20}{60}$＝120°動く。

(5) $\frac{1}{□}+\frac{1}{□}+\frac{1}{□}=\frac{1}{□}\times 3$ だから，$\frac{1}{15}=\frac{1}{□}\times 3$ より，$\frac{1}{□}=\frac{1}{15}\div 3=\frac{1}{45}$　よって，□＝45

3 (1) **【解き方】兄が弟に1500円あげる前と後で，2人の所持金の合計は変わらない。2人の所持金の合計を，5＋3＝8と7＋9＝16の最小公倍数である⑯として考える。**

兄について，最初の所持金は⑯×$\frac{5}{5+3}$＝⑩，弟に1500円あげた後の所持金は⑯×$\frac{7}{7+9}$＝⑦だから，⑩－⑦＝③が1500円にあたる。よって，兄の最初の所持金は，1500×$\frac{\text{⑩}}{\text{③}}$＝5000(円)

(2) **【解き方】(平均)＝(合計)÷(人数)，(合計)＝(平均)×(人数)であることを利用する。**

男子24人の合計点が70×24＝1680(点)，クラス24＋16＝40(人)の合計点が74×40＝2960(点)だから，女子16人の合計点は，2960－1680＝1280(点)である。よって，女子の平均点は，1280÷16＝80(点)

(3) 図2からは，下図のように，五角形→台形→直角二等辺三角形の順に変化する。

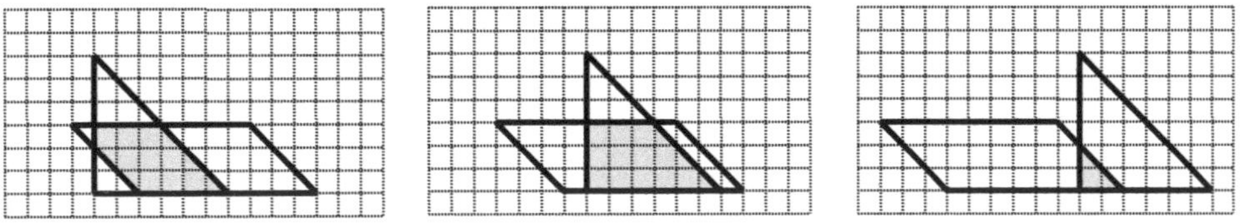

4 (1) 休けいした時間は，速さが0m/分になっている。最初に速さが0m/分になったのは12分のときだから，スタート地点からA地点までにかかった時間は12分である。

(2) **【解き方】速さの比は，同じ道のりを進むのにかかった時間の比の逆比に等しいことを利用する。**

スタート地点からA地点と，A地点からB地点までの道のりは等しい。スタート地点からA地点までにかかった時間は12分，A地点からB地点までにかかった時間は31－15＝16(分)だから，速さの比は12：16＝3：4の逆比の4：3となる。よって，求める速さは，100×$\frac{3}{4}$＝75(m/分)

(3) **【解き方】B地点からゴールまでの道のり→B地点からゴールまでにかかった時間→ゴールするまでにかかった時間，の順で求める。**

スタートからゴールまでは3.3㎞＝3300mある。スタートからB地点までは(100×12)×2＝2400(m)あるので，B地点からゴールまでは3300－2400＝900(m)ある。よって，B地点からゴールまでは900÷60＝15(分)かかるので，ゴールするまでにかかった時間は，34＋15＝49(分)

(4) スタートして40分後はB地点から40－34＝6(分)進んだ位置なので，スタート地点から2400＋60×6＝

2760(m)進んだ位置である。よって，ゴールまではあと3300－2760＝540(m)である。

5 ⑴ **【解き方】太線の長さは，直線部分と曲線部分にわけて考える。斜線《しゃせん》部分の面積は，２個のおうぎ形の面積の和から，重なった部分の面積の２倍（２個重なっているため）をひく。**

太線のうち，直線部分の長さは(６－２)×２＋(６－４)×２＝12(cm)，曲線部分の長さは６×２×3.14×$\frac{90^\circ}{360^\circ}$×２＝６×3.14＝18.84(cm)だから，太線の長さは，12＋18.84＝30.84(cm)

おうぎ形の２個の面積の和は６×６×3.14×$\frac{90^\circ}{360^\circ}$×２＝18×3.14＝56.52(cm²)，重なった部分の面積は４×２＝８(cm²)だから，斜線部分の面積は，56.52－８×２＝40.52(cm²)

⑵ 三角形ＡＢＣについて，外角の性質より，角ＡＢＣ＝100°－46°＝54°　よって，角ＥＢＤ＝54°÷２＝27°

三角形ＥＢＤはＥＢ＝ＥＤの二等辺三角形だから，角ア＝角ＥＢＤ＝27°

三角形ＣＤＥについて，外角の性質より，角イ＝100°＋27°＝127°

6 ⑴ **【解き方】数字は，２から始まる連続する２の倍数が小さい順に並んでいる。**

５列目までに数字は１＋２＋３＋４＋５＝15(個)並ぶから，５列目の５段目の数字は，15×２＝30

⑵ ６列目までに数字は15＋６＝21(個)並ぶから，７列目の３段目の数字は，小さい順で21＋３＝24(番目)の数字となる。よって，24×２＝48である。

⑶ **【解き方】70は，小さい順で70÷２＝35(番目)の数字である。**

数字は，７段目までに21＋７＝28(個)，８段目までに28＋８＝36(個)並ぶ。８列目の８段目の数字が小さい順で36番目の数字だから，70は８列目の７段目である。

⑷ **【解き方】３～10列目は，各列の２段目と３段目の数字を比べると，３段目の方が２大きい。**

１列目に２，３段目の数字はなく，２列目の２段目の数字は６，３段目の数字はない。

３～10列目について，２段目の数の和と３段目の数の和では，３段目の方が２×(10－３＋１)＝16大きい。

よって，10列目の10段目まで並べたとき，２段目の数の和と３段目の数の和では，３段目の方が16－６＝10大きい。

2021 解答例 令和3年度

金光八尾中学校

《国　語》

【一】問一．a．対象　b．補給　c．過程　d．異　e．好転　問二．X．エ　Y．ウ　問三．エ　問四．ア　問五．スケジュールを決めて、他者と歩調を合わせる　問六．イ　問七．人間が生きていくためにしなければならないことを、躰が頭脳に要求する　問八．毎日少しずつ無理せず、時間をかけて前進すること　問九．ア．○　イ．○　ウ．×

【二】問一．a．ま　b．もくれい　c．こきみ　d．まね　e．そんちょう　問二．ほっとしたように微笑んだ　問三．ウ　問四．横　問五．イ　問六．だれのものかに関係なく、いいものがうれしいと感じる、純粋なよろこびである点。　問七．ア　問八．エ　問九．所有するピアノが本来持っているやさしい音を、記憶の中にある元の音だと思うようになること。　問十．魅力

《算　数》

1　(1)16　(2)51　(3)100　(4)$\frac{2}{9}$　(5)$3\frac{1}{3}$

2　(1)14　(2)0.01　(3)68　(4)90　(5)36

3　(1)6000　(2)DH　(3)2，6，7

4　(1)1.2　(2)90　(3)10，40　(4)50

5　(1)面積…16.56　周りの長さ…16.56　(2)ア．60　DF…7

6　(1)10　(2)61　(3)①50　②47

《英　語》

【1】　1．d　2．y　3．j　4．q

【2】　1．house　2．Thursday　3．swimming　4．grandparent

【3】　1．ウ　2．イ　3．エ　4．ア

【4】　1．ア　2．ウ　3．イ　4．エ

【5】　1．What day do you have music lessons?　2．Do you have breakfast every morning?
3．What time do you get up on Sunday?　4．How does your brother go to school?

【6】　[①／②]　1．[エ／イ]　2．[イ／オ]　3．[エ／ア]　4．[イ／ア]　5．[ア／オ]

《理　科》

1　(1)ア．56　イ．28　ウ．48　(2)①，④　(3)左…6　右…1　(4)7　(5)ア．56　イ．3　ウ．28

2　(1)酸　(2)A．水素　B．アンモニア　C．ちっ素　D．酸素　E．二酸化炭素　F．二酸化いおう　(3)①　(4)②　(5)二酸化炭素

3　(1)③　(2)①，③　(3)ア．酸素　イ．二酸化炭素　(4)1.2　(5)6.0　(6)4.8

4　(1)ア．24　イ．4　ウ．4　(2)午後／0／28　(3)87.4　(4)夏至の日　(5)③　(6)②

《社　会》

1　問１．流氷　問２．(エ)　問３．(イ)　問４．津波　問５．(ウ)　問６．(ウ)　問７．飛驒
問８．(ア)　問９．(ア)　問10．貿易まさつ　問11．(イ)　問12．(エ)　問13．太平洋
問14．(イ)　問15．(ア)

2　問１．邪馬台国　問２．(ウ)　問３．(ウ)　問４．フランシスコ＝ザビエル　問５．(エ)　問６．(ア)
問７．全国水平　問８．(ウ)　問９．(イ)　問10．木簡　問11．(ア)　問12．(オ)
問13．伊能忠敬　問14．(エ)　問15．(イ)

3　問１．【Ａ】象徴　【Ｂ】働く　問２．(ウ)　問３．国事行為　問４．(エ)　問５．(イ)　問６．(イ)
問７．(ア)

←解答例は前のページにありますので，そちらをご覧ください。

1 (1) 与式＝111－19×５＝111－95＝16

(2) 与式＝75÷５＋36＝15＋36＝51

(3) 与式＝(42.3－29.8)×８＝12.5×８＝100

(4) 与式＝$\frac{7}{3}\times\frac{1}{33}\times\frac{22}{7}=\frac{2}{9}$

(5) 与式＝$(4\frac{12}{16}+\frac{9}{16})\div\frac{125}{100}-\frac{11}{12}=5\frac{5}{16}\div\frac{5}{4}-\frac{11}{12}=\frac{85}{16}\times\frac{4}{5}-\frac{11}{12}=\frac{17}{4}-\frac{11}{12}=\frac{51}{12}-\frac{11}{12}=\frac{40}{12}=\frac{10}{3}=3\frac{1}{3}$

2 (1) (61－□×４)×４＝20 だから，61－□×４＝20÷４　□×４＝61－５　□＝56÷４＝14

(2) １m^3＝100 cm×100 cm×100 cm＝1000000 cm^3だから，10000 cm^3＝$\frac{10000}{1000000}$$m^3$＝0.01 m^3

(3) 170 人は 250 人の，$\frac{170}{250}\times100=68$(％)である。

(4) ５回のテストの平均点は，(87＋89＋93＋90＋91)÷５＝90(点)である。

(5) 100m＝$\frac{100}{1000}$km＝0.1 km，10 秒＝$\frac{10}{60}$分＝$\frac{10}{60\times60}$時間＝$\frac{1}{360}$時間だから，求める速さは，
時速(0.1÷$\frac{1}{360}$)km＝時速 36 km

3 (1) **【解き方】おこづかいをもらう前と後の所持金の差は変わらないから，所持金の比の数の差をそろえて考える。**
３：１の比の数の差は３－１＝２，19：11 の比の数の差は 19－11＝８だから，３：１を$\frac{8}{2}$＝４(倍)すると，(３×４)：(１×４)＝12：４になる。12：４と 19：11 の比の数の１は同じ金額を表し，19－12＝７が 3500 円にあたるので，Ａさんの初めの所持金は，3500×$\frac{12}{7}$＝6000(円)

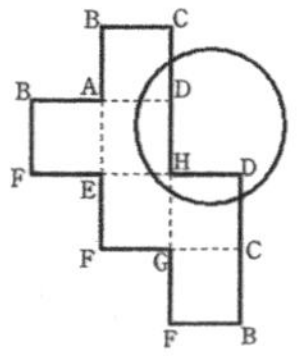

(2) 右図の丸で囲んだ部分に注目すると，辺ＤＨを切りはなしていることがわかる。

(3) **【解き方】３人がもつ３枚のカードの数字の和を，それぞれ□とすると，□＋□＋□は，１＋２＋３＋…＋９＝45 になるから，３枚のカードの数字の和を求めることができる。**
３人がもっている３枚のカードの数字の和は，45÷３＝15 だから，Ａさんの残り１枚のカードの数字は，15－(１＋９)＝５である。Ｂさんの残り２枚のカードの数字の和は，15－３＝12 だから，考えられるカードの組み合わせは４と８だけである。よって，Ｃさんのカードは，２，６，７である。

4 (1) **【解き方】グラフより，雨が降ってきたのは９時 30 分とわかる。**
９時 30 分まで分速 40mで 30 分歩いたから，家から 40×30＝1200(m)，つまり，1.2 kmの地点にいた。

(2) **【解き方】グラフより，たかしさんが走ったのは９時 30 分から９時 50 分の間である。**
たかしさんは，９時 50 分－９時 30 分＝20 分で３km－1.2 km＝1.8 km＝1800mを走ったから，求める速さは，
分速(1800÷20)m＝分速 90mである。

(3) **【解き方】たかしさんが図書館を出たのは９時 50 分＋10 分＝10 時で，分速 75mの速さで家に帰る。**
たかしさんが，図書館から家に帰るまでにかかった時間は，3000÷75＝40(分)だから，家に帰ってきた時刻は，
10 時＋40 分＝10 時 40 分である。

(4) **【解き方】たかしさんが家から 1800mの地点にいた時刻を求める。**
お母さんが出発した９時 40 分の時点で，たかしさんは家から 1200＋90×10＝2100(m)の地点にいたから，すでに家から 1800mの地点を通り過ぎて図書館に向かっていた。したがって，たかしさんとお母さんが出会ったのは，たかしさんが図書館から家に帰っている途《と》中《ちゅう》である。
たかしさんが図書館から 3000－1800＝1200(m)進むのにかかった時間は，1200÷75＝16(分)だから，お母さんとたかしさんが出会ったのは，たかしさんが図書館を出た 16 分後の 10 時 16 分である。お母さんは

10時16分－9時40分＝36分で1800m進んだから，お母さんの速さは，分速(1800÷36)m＝分速50mである。

5 ⑴　**【解き方】右のように作図する。面積については，図の太線で囲んだおうぎ形と斜線《しゃせん》のおうぎ形が合同であることから考える。周りの長さは，曲線部分と直線部分に分けて考える。**

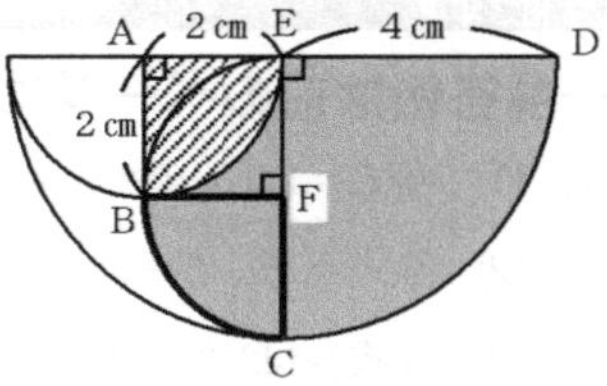

面積は，正方形ＡＢＦＥとおうぎ形ＥＣＤの面積の和だから，

$2\times2+4\times4\times3.14\times\frac{1}{4}=4+12.56=16.56$(㎠)

周りの長さは，曲線ＢＥと曲線ＢＣ(この２つの曲線の長さは等しい)と曲線ＣＤと直線ＥＤの長さの和だから，

$(2\times2\times3.14\times\frac{1}{4})\times2+4\times2\times3.14\times\frac{1}{4}+4=2\times3.14+2\times3.14+4=(2+2)\times3.14+4=12.56+4=$ 16.56(㎝)

⑵　**【解き方】角ＡＦＥ＝角ＤＥＦで錯角が等しいから，ＡＢとＥＤは平行である。**

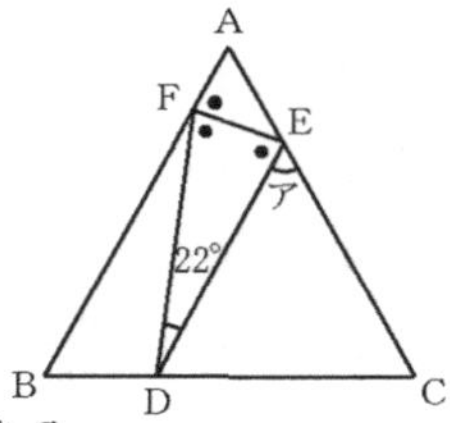

平行線の同位角は等しいから，角ア＝角ＢＡＣ＝60°

したがって三角形ＥＤＣは正三角形だから，ＥＤ＝ＥＣ＝10－３＝７(㎝)

三角形ＤＥＦは二等辺三角形だから，ＤＦ＝ＤＥ＝７㎝

6 ⑴　**【解き方】スタート地点に先生は立たないから，(先生の人数)＝(30mの区間の数)である。**

30mの区間は300÷30＝10あるから，立っている先生の人数は10人である。

⑵　**【解き方】(生徒の人数)＝(５mの区間の数)＋１である。**

５mの区間は300÷５＝60あるから，生徒の人数は，60＋１＝61(人)

⑶①　**【解き方】(旗の本数)＋１＝(□mの区間の数)である。**

□mの区間は，５＋１＝６あるから，□＝300÷６＝50

②　**【解き方】30も50も５の倍数だから，先生や旗が立っている地点には必ず生徒も立っている。生徒が立っている地点の数から，先生や旗が立っている地点をのぞけばよい。**

30と50の最小公倍数は150で，ゴール地点には旗は立たないから，先生と旗と生徒が立っているのはスタートから150mの地点の１か所だけである。先生と生徒だけが立っているのは，先生の立つ10か所から150m地点をのぞいた10－１＝９(か所)である。同じように考えて，旗と生徒だけが立っているのは５－１＝４(か所)である。よって，生徒だけが立っている地点は，61－１－９－４＝47(か所)

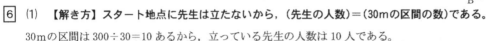

■ ご使用にあたってのお願い・ご注意

（1）問題文等の非掲載

著作権上の都合により，問題文や図表などの一部を掲載できない場合があります。

誠に申し訳ございませんが，ご了承くださいますようお願いいたします。

（2）過去問における時事性

過去問題集は，学習指導要領の改訂や社会状況の変化，新たな発見などにより，現在とは異なる表記や解説になっている場合があります。過去問の特性上，出題当時のままで出版していますので，あらかじめご了承ください。

（3）配点

学校等から配点が公表されている場合は，記載しています。公表されていない場合は，記載していません。

独自の予想配点は，出題者の意図と異なる場合があり，お客様が学習するうえで誤った判断をしてしまう恐れがあるため記載していません。

（4）無断複製等の禁止

購入された個人のお客様が，ご家庭でご自身またはご家族の学習のためにコピーをすることは可能ですが，それ以外の目的でコピー，スキャン，転載（ブログ，ＳＮＳなどでの公開を含みます）などをすることは法律により禁止されています。学校や学習塾などで，児童生徒のためにコピーをして使用することも法律により禁止されています。

ご不明な点や，違法な疑いのある行為を確認された場合は，弊社までご連絡ください。

（5）けがに注意

この問題集は針を外して使用します。針を外すときは，けがをしないように注意してください。また，表紙カバーや問題用紙の端で手指を傷つけないように十分注意してください。

（6）正誤

制作には万全を期しておりますが，万が一誤りなどがございましたら，弊社までご連絡ください。

なお，誤りが判明した場合は，弊社ウェブサイトの「ご購入者様のページ」に掲載しておりますので，そちらもご確認ください。

■ お問い合わせ

解答例，解説，印刷，製本など，問題集発行におけるすべての責任は弊社にあります。

ご不明な点がございましたら，弊社ウェブサイトの「お問い合わせ」フォームよりご連絡ください。迅速に対応いたしますが，営業日の都合で回答に数日を要する場合があります。

ご入力いただいたメールアドレス宛に自動返信メールをお送りしています。自動返信メールが届かない場合は，「よくある質問」の「メールの問い合わせに対し返信がありません。」の項目をご確認ください。

また弊社営業日（平日）は，午前９時から午後５時まで，電話でのお問い合わせも受け付けています。

2025 春

株式会社教英出版

〒422-8054　静岡県静岡市駿河区南安倍３丁目 12-28

TEL　054-288-2131　　FAX　054-288-2133

URL　https://kyoei-syuppan.net/

MAIL siteform@kyoei-syuppan.net

教英出版の中学受験対策

中学受験面接の基本がここに！
知っておくべき面接試問の要領

面接試験に，落ち着いて自信をもってのぞむためには，あらかじめ十分な準備をしておく必要があります。面接の心得や，受験生と保護者それぞれへの試問例など，面接対策に必要な知識を１冊にまとめました。

- 面接の形式や評価のポイント，マナー，当日までの準備など，面接の基本をていねいに指南「面接はこわくない！」
- 書き込み式なので，質問例に対する自分の答えを整理して本番直前まで使える
- ウェブサイトで質問音声による面接のシミュレーションができる

定価：770円（本体700円+税）

入試テクニックシリーズ

必修編

基本をおさえて実力アップ！
1冊で入試の全範囲を学べる！
基礎力養成に最適！

こんな受験生には必修編がおすすめ！

- 入試レベルの問題を解きたい
- 学校の勉強とのちがいを知りたい
- 入試問題を解く基礎力を固めたい

定価：1,100円（本体1,000+税）

発展編

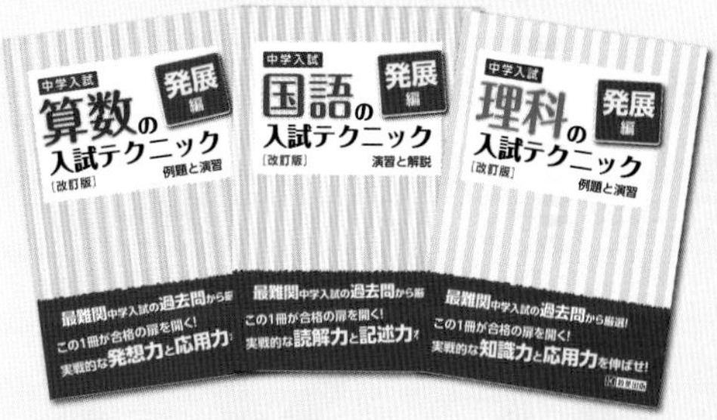

応用力強化で合格をつかむ！
有名私立中の問題で
最適な解き方を学べる！

こんな受験生には発展編がおすすめ！

- もっと難しい問題を解きたい
- 難関中学校をめざしている
- 子どもに難問の解法を教えたい

定価：1,760円（本体1,600+税）

絶賛販売中！

詳しくは教英出版で検索

教英出版　検索

URL https://kyoei-syuppan.net/

教英出版　2025年春受験用　中学入試問題集

学校別問題集

★はカラー問題対応

北海道

①[市立]札幌開成中等教育学校
②藤女子中学校
③北嶺中学校
④北星学園女子中学校
⑤札幌大谷中学校
⑥札幌光星中学校
⑦立命館慶祥中学校
⑧函館ラ･サール中学校

青森県

①[県立]三本木高等学校附属中学校

岩手県

①[県立]一関第一高等学校附属中学校

宮城県

①[県立]宮城県古川黎明中学校
②[県立]宮城県仙台二華中学校
③[市立]仙台青陵中等教育学校
④東北学院中学校
⑤仙台白百合学園中学校
⑥聖ウルスラ学院英智中学校
⑦宮城学院中学校
⑧秀光中学校
⑨古川学園中学校

秋田県

①[県立]
- 大館国際情報学院中学校
- 秋田南高等学校中等部
- 横手清陵学院中学校

山形県

①[県立]
- 東桜学館中学校
- 致道館中学校

福島県

①[県立]
- 会津学鳳中学校
- ふたば未来学園中学校

茨城県

①[県立]
- 日立第一高等学校附属中学校
- 太田第一高等学校附属中学校
- 水戸第一高等学校附属中学校
- 鉾田第一高等学校附属中学校
- 鹿島高等学校附属中学校
- 土浦第一高等学校附属中学校
- 竜ヶ崎第一高等学校附属中学校
- 下館第一高等学校附属中学校
- 下妻第一高等学校附属中学校
- 水海道第一高等学校附属中学校
- 勝田中等教育学校
- 並木中等教育学校
- 古河中等教育学校

栃木県

①[県立]
- 宇都宮東高等学校附属中学校
- 佐野高等学校附属中学校
- 矢板東高等学校附属中学校

群馬県

①
- [県立]中央中等教育学校
- [市立]四ツ葉学園中等教育学校
- [市立]太田中学校

埼玉県

①[県立]伊奈学園中学校
②[市立]浦和中学校
③[市立]大宮国際中等教育学校
④[市立]川口市立高等学校附属中学校

千葉県

①[県立]
- 千葉中学校
- 東葛飾中学校

②[市立]稲毛国際中等教育学校

東京都

①[国立]筑波大学附属駒場中学校
②[都立]白鷗高等学校附属中学校
③[都立]桜修館中等教育学校
④[都立]小石川中等教育学校
⑤[都立]両国高等学校附属中学校
⑥[都立]立川国際中等教育学校
⑦[都立]武蔵高等学校附属中学校
⑧[都立]大泉高等学校附属中学校
⑨[都立]富士高等学校附属中学校
⑩[都立]三鷹中等教育学校
⑪[都立]南多摩中等教育学校
⑫[区立]九段中等教育学校
⑬開成中学校
⑭麻布中学校
⑮桜蔭中学校
⑯女子学院中学校
★⑰豊島岡女子学園中学校
⑱東京都市大学等々力中学校
⑲世田谷学園中学校
★⑳広尾学園中学校(第2回)
★㉑広尾学園中学校(医進･サイエンス回)
㉒渋谷教育学園渋谷中学校(第1回)
㉓渋谷教育学園渋谷中学校(第2回)
㉔東京農業大学第一高等学校中等部
(2月1日 午後)
㉕東京農業大学第一高等学校中等部
(2月2日 午後)

神奈川県

①[県立]相模原中等教育学校

　　　 平塚中等教育学校

②[市立]南高等学校附属中学校

③[市立]横浜サイエンスフロンティア高等学校附属中学校

④[市立]川崎高等学校附属中学校

✿⑤聖光学院中学校

✿⑥浅野中学校

⑦洗足学園中学校

⑧法政大学第二中学校

⑨逗子開成中学校（1次）

⑩逗子開成中学校（2·3次）

⑪神奈川大学附属中学校(第1回)

⑫神奈川大学附属中学校(第2·3回)

⑬栄光学園中学校

⑭フェリス女学院中学校

新潟県

①[県立]村上中等教育学校

　　　 柏崎翔洋中等教育学校

　　　 燕中等教育学校

　　　 津南中等教育学校

　　　 直江津中等教育学校

　　　 佐渡中等教育学校

②[市立]高志中等教育学校

③新潟第一中学校

④新潟明訓中学校

石川県

①[県立]金沢錦丘中学校

②星稜中学校

福井県

①[県立]高志中学校

山梨県

①山梨英和中学校

②山梨学院中学校

③駿台甲府中学校

長野県

①[県立]屋代高等学校附属中学校

　　　 諏訪清陵高等学校附属中学校

②[市立]長野中学校

岐阜県

①岐阜東中学校

②鶯谷中学校

③岐阜聖徳学園大学附属中学校

静岡県

①[国立]静岡大学教育学部附属中学校（静岡·島田·浜松）

②[県立]清水南高等学校中等部

　[県立]浜松西高等学校中等部

　[市立]沼津高等学校中等部

③不二聖心女子学院中学校

④日本大学三島中学校

⑤加藤学園暁秀中学校

⑥星陵中学校

⑦東海大学付属静岡翔洋高等学校中等部

⑧静岡サレジオ中学校

⑨静岡英和女学院中学校

⑩静岡雙葉中学校

⑪静岡聖光学院中学校

⑫静岡学園中学校

⑬静岡大成中学校

⑭城南静岡中学校

⑮静岡北中学校

⑯常葉大学附属常葉中学校

　常葉大学附属橘中学校

　常葉大学附属菊川中学校

⑰藤枝明誠中学校

⑱浜松開誠館中学校

⑲静岡県西遠女子学園中学校

⑳浜松日体中学校

㉑浜松学芸中学校

愛知県

①[国立]愛知教育大学附属名古屋中学校

②愛知淑徳中学校

③名古屋経済大学市邨中学校

　名古屋経済大学高蔵中学校

④金城学院中学校

⑤椙山女学園中学校

⑥東海中学校

⑦南山中学校男子部

⑧南山中学校女子部

⑨聖霊中学校

⑩滝中学校

⑪名古屋中学校

⑫大成中学校

⑬愛知中学校

⑭星城中学校

⑮名古屋葵大学中学校

（名古屋女子大学中学校）

⑯愛知工業大学名電中学校

⑰海陽中等教育学校(特別給費生)

⑱海陽中等教育学校（I·II）

⑲中部大学春日丘中学校

新刊⑳名古屋国際中学校

三重県

①[国立]三重大学教育学部附属中学校

②暁中学校

③海星中学校

④四日市メリノール学院中学校

⑤高田中学校

⑥セントヨゼフ女子学園中学校

⑦三重中学校

⑧皇學館中学校

⑨鈴鹿中等教育学校

⑩津田学園中学校

滋賀県

①[国立]滋賀大学教育学部附属中学校

②[県立]河瀬中学校

　　　 守山中学校

　　　 水口東中学校

京都府

①[国立]京都教育大学附属桃山中学校

②[府立]洛北高等学校附属中学校

③[府立]園部高等学校附属中学校

④[府立]福知山高等学校附属中学校

⑤[府立]南陽高等学校附属中学校

⑥[市立]西京高等学校附属中学校

⑦同志社中学校

⑧洛星中学校

⑨洛南高等学校附属中学校

⑩立命館中学校

⑪同志社国際中学校

⑫同志社女子中学校(前期日程)

⑬同志社女子中学校(後期日程)

大阪府

①[国立]大阪教育大学附属天王寺中学校

②[国立]大阪教育大学附属平野中学校

③[国立]大阪教育大学附属池田中学校

④[府立]富田林中学校
⑤[府立]咲くやこの花中学校
⑥[府立]水都国際中学校
⑦清風中学校
⑧高槻中学校（A日程）
⑨高槻中学校（B日程）
⑩明星中学校
⑪大阪女学院中学校
⑫大谷中学校
⑬四天王寺中学校
⑭帝塚山学院中学校
⑮大阪国際中学校
⑯大阪桐蔭中学校
⑰開明中学校
⑱関西大学第一中学校
⑲近畿大学附属中学校
⑳金蘭千里中学校
㉑金光八尾中学校
㉒清風南海中学校
㉓帝塚山学院泉ヶ丘中学校
㉔同志社香里中学校
㉕初芝立命館中学校
㉖関西大学中等部
㉗大阪星光学院中学校

兵庫県

①[国立]神戸大学附属中等教育学校
②[県立]兵庫県立大学附属中学校
③雲雀丘学園中学校
④関西学院中学部
⑤神戸女学院中学部
⑥甲陽学院中学校
⑦甲南中学校
⑧甲南女子中学校
⑨灘中学校
⑩親和中学校
⑪神戸海星女子学院中学校
⑫滝川中学校
⑬啓明学院中学校
⑭三田学園中学校
⑮淳心学院中学校
⑯仁川学院中学校
⑰六甲学院中学校
⑱須磨学園中学校（第1回入試）
⑲須磨学園中学校（第2回入試）
⑳須磨学園中学校（第3回入試）
㉑白陵中学校
㉒夙川中学校

奈良県

①[国立]奈良女子大学附属中等教育学校
②[国立]奈良教育大学附属中学校
③[県立]
国際中学校
青翔中学校
④[市立]一条高等学校附属中学校
⑤帝塚山中学校
⑥東大寺学園中学校
⑦奈良学園中学校
⑧西大和学園中学校

和歌山県

①[県立]
古佐田丘中学校
向陽中学校
桐蔭中学校
日高高等学校附属中学校
田辺中学校
②智辯学園和歌山中学校
③近畿大学附属和歌山中学校
④開智中学校

岡山県

①[県立]岡山操山中学校
②[県立]倉敷天城中学校
③[県立]岡山大安寺中等教育学校
④[県立]津山中学校
⑤岡山中学校
⑥清心中学校
⑦岡山白陵中学校
⑧金光学園中学校
⑨就実中学校
⑩岡山理科大学附属中学校
⑪山陽学園中学校

広島県

①[国立]広島大学附属中学校
②[国立]広島大学附属福山中学校
③[県立]広島中学校
④[県立]三次中学校
⑤[県立]広島叡智学園中学校
⑥[市立]広島中等教育学校
⑦[市立]福山中学校
⑧広島学院中学校
⑨広島女学院中学校
⑩修道中学校
⑪崇徳中学校
⑫比治山女子中学校
⑬福山暁の星女子中学校
⑭安田女子中学校
⑮広島なぎさ中学校
⑯広島城北中学校
⑰近畿大学附属広島中学校福山校
⑱盈進中学校
⑲如水館中学校
⑳ノートルダム清心中学校
㉑銀河学院中学校
㉒近畿大学附属広島中学校東広島校
㉓AICJ中学校
㉔広島国際学院中学校
㉕広島修道大学ひろしま協創中学校

山口県

①[県立]
下関中等教育学校
高森みどり中学校
②野田学園中学校

徳島県

①[県立]
富岡東中学校
川島中学校
城ノ内中等教育学校
②徳島文理中学校

香川県

①大手前丸亀中学校
②香川誠陵中学校

愛媛県

①[県立]
今治東中等教育学校
松山西中等教育学校
②愛光中学校
③済美平成中等教育学校
④新田青雲中等教育学校

高知県

①[県立]
安芸中学校
高知国際中学校
中村中学校

福岡県

①[国立]福岡教育大学附属中学校（福岡·小倉·久留米）

②[県立]
- 育徳館中学校
- 門司学園中学校
- 宗像中学校
- 嘉穂高等学校附属中学校
- 輝翔館中等教育学校

③西南学院中学校
④上智福岡中学校
⑤福岡女学院中学校
⑥福岡雙葉中学校
⑦照曜館中学校
⑧筑紫女学園中学校
⑨敬愛中学校
⑩久留米大学附設中学校
⑪飯塚日新館中学校
⑫明治学園中学校
⑬小倉日新館中学校
⑭久留米信愛中学校
⑮中村学園女子中学校
⑯福岡大学附属大濠中学校
⑰筑陽学園中学校
⑱九州国際大学付属中学校
⑲博多女子中学校
⑳東福岡自彊館中学校
㉑八女学院中学校

佐賀県

①[県立]
- 香楠中学校
- 致遠館中学校
- 唐津東中学校
- 武雄青陵中学校

②弘学館中学校
③東明館中学校
④佐賀清和中学校
⑤成穎中学校
⑥早稲田佐賀中学校

長崎県

①[県立]
- 長崎東中学校
- 佐世保北中学校
- 諫早高等学校附属中学校

②青雲中学校
③長崎南山中学校
④長崎日本大学中学校
⑤海星中学校

熊本県

①[県立]
- 玉名高等学校附属中学校
- 宇土中学校
- 八代中学校

②真和中学校
③九州学院中学校
④ルーテル学院中学校
⑤熊本信愛女学院中学校
⑥熊本マリスト学園中学校
⑦熊本学園大学付属中学校

大分県

①[県立]大分豊府中学校
②岩田中学校

宮崎県

①[県立]五ヶ瀬中等教育学校

②[県立]
- 宮崎西高等学校附属中学校
- 都城泉ヶ丘高等学校附属中学校

③宮崎日本大学中学校
④日向学院中学校
⑤宮崎第一中学校

鹿児島県

①[県立]楠隼中学校
②[市立]鹿児島玉龍中学校
③鹿児島修学館中学校
④ラ・サール中学校
⑤志學館中等部

沖縄県

①[県立]
- 与勝緑が丘中学校
- 開邦中学校
- 球陽中学校
- 名護高等学校附属桜中学校

もっと過去問シリーズ

北海道

北嶺中学校
7年分(算数・理科・社会)

静岡県

静岡大学教育学部附属中学校
(静岡·島田·浜松)
10年分(算数)

愛知県

愛知淑徳中学校
7年分(算数・理科・社会)
東海中学校
7年分(算数・理科・社会)
南山中学校男子部
7年分(算数・理科・社会)
南山中学校女子部
7年分(算数・理科・社会)
滝中学校
7年分(算数・理科・社会)
名古屋中学校
7年分(算数・理科・社会)

岡山県

岡山白陵中学校
7年分(算数・理科)

広島県

広島大学附属中学校
7年分(算数・理科・社会)
広島大学附属福山中学校
7年分(算数・理科・社会)
広島学院中学校
7年分(算数・理科・社会)
広島女学院中学校
7年分(算数・理科・社会)
修道中学校
7年分(算数・理科・社会)
ノートルダム清心中学校
7年分(算数・理科・社会)

愛媛県

愛光中学校
7年分(算数・理科・社会)

福岡県

福岡教育大学附属中学校
(福岡·小倉·久留米)
7年分(算数・理科・社会)
西南学院中学校
7年分(算数・理科・社会)
久留米大学附設中学校
7年分(算数・理科・社会)
福岡大学附属大濠中学校
7年分(算数・理科・社会)

佐賀県

早稲田佐賀中学校
7年分(算数・理科・社会)

長崎県

青雲中学校
7年分(算数・理科・社会)

鹿児島県

ラ·サール中学校
7年分(算数・理科・社会)

※もっと過去問シリーズは国語の収録はありません。

教英出版
〒422-8054
静岡県静岡市駿河区南安倍3丁目12−28
TEL 054-288-2131
FAX 054-288-2133
詳しくは教英出版で検索
教英出版 検索
URL https://kyoei-syuppan.net/

受　験　番　号

令和６年度

金光八尾中学校　　学力検査問題

国　　語

(50分)

(問題は１ページから11ページまで)

2024(R6) 金光八尾中
教英出版

【一】次の Ⅰ ・ Ⅱ ・ Ⅲ の文章を読んで、あとの問いに答えなさい。なお、 Ⅲ は、生徒三人（金光《こんこう》さん・八尾《やお》さん・高安《たかやす》さん）が Ⅰ と Ⅱ の文章（小泉武夫《こいずみたけお》『醤油・味噌・酢はすごい』より）を読んで、感想を述べているところです。（特に指示がない場合、句読点も字数にふくみます）

Ⅰ

味噌《みそ》は、おむすびにからめたり、キュウリやネギに付けたりして、そのまま食べることもあるが大概《たいがい》は料理材料の味付けとして使うことがほとんどである。汁《しる》ものや和《あ》えもの、なめ味噌、鍋《なべ》料理、炒《いた》めもの料理、焼きもの料理、煮物《にもの》など、どんな料理にも使われる。「味噌は万能の調味料」とはよく言ったもので、まさにその通りである。

全国には夥《おびただ》しいほど多くの郷土味噌料理があって、これほど広範囲《こうはんい》に使われる調味料は味噌以外はないであろう。きっと味噌は調理されるとき、出来上がった料理にすばらしい効能を与《あた》えてくれるからこそ、このような使われ方をするのだろう。ここでは味噌の持つ調理上の特性あるいは役割について述べることにする。

まず第一に①味噌の持つ味と香りである。味噌の主原料はタンパク質の豊富な大豆であるので、これが麹菌《こうじきん》の生産したタンパク質分解酵素《こうそ》に作用されると分解し、美味しさの成分であるアミノ酸やペプチドに変化するから、味噌はとても美味しいのである。発酵《はっこう》するとき、酵母や乳酸菌も働いて酸味を付与《ふよ》したり香気成分もつくるので、風味は一段と高まって、原料の大豆と比べるとまるで違《ちが》った嗜好《しこう》食品になっているのである。この味噌のうま味や酸味、香気成分は料理される材料を丸ごと包み込《こ》むので、出来上がった料理は誠にもって美味しくなるのである。

また味噌には出汁《だし》と調和するという効能があるのである。カツオ節やコンブ、シイタケなどは核酸系呈味体《かくさんけいていみたい》が中心で、この呈味体がアミノ酸呈味体と出合うと、（　X　）「味の相乗効果」が起こって、猛烈《もうれつ》にうま味が増強されるのである。特に味噌は、アミノ酸を多く含《ふく》んでいるため、出汁からの呈味成分と作用する範囲、量が大きいため、とても美味しくなるわけである。

さらに味噌には、緩衝能《かんしょうのう》という物理的、生理的性質があって、味をさまざまに変化させることができる。（　Y　）酢《す》の酸味が強すぎるとき、そこに味噌を少し加えてやると酸味がやわらげられるので、酢味噌やぬたなどの料理に応用されるのである。

味噌には塩分が含まれているので、浸透圧《しんとうあつ》が高く、この性質は漬物《つけもの》の具から上手に水分を引き出し、代わりにその具に味噌のうま味を送り込むことができる。味噌漬けにすると漬けた材料がaカタまり、そしてそれが味噌の風味にbソめられるのはこの性質のためである。塩《しょ》っぱくて美味しいので、ほんの少しの味噌漬けでもご飯が美味しく食べられる。

味噌には、他の食品に比べて驚《おどろ》くほど強い抗酸化力《こうさんかりょく》が備わっている。抗酸化力とは、食品に含まれる脂質《ししつ》などが空気に触《ふ》れると酸化して、味が劣化《れっか》したり、さらに酸化が進むと有害物質がつくられたりする現象である。ところが味噌には、この酸化を抑制《よくせい》する力があることがわかり、とても注目されているのである。どれぐらい強いかというと、生干ししたままのイワシや塩漬けにしたイワシを一三日間置き、それとは対照にイワシを生のまま味噌に漬けて一三日後測定してみると、味噌に漬けなかった方のイワシは過酸化物質が著しく増えているのに、味噌に漬けた方はまったく酸化していないことがわかったのである。大豆を原料に使う味噌には、大豆から脂質がいっぱい入ってくるので、製品味噌には五〜六%もの脂質が含まれているが、それが酸化されることはなく、またビタミン類の酸化も抑えられて残存している。この抗酸化物質の正体は、味噌中に大豆から溶《と》け出してきたサポニン、イソフラボン、トコフェロール、レシチンのような抗酸化物質や、発酵によって生じたさまざまな抗酸化力のあるペプチドあるいはメラノイジンのような物質であることがわかってきている。

味噌はまた、魚の生臭《なまぐさ》みや肉の獣臭《じゅうしゅう》を消す調味料としても知られ、②サバやイワシの味噌煮には魚特有の臭みがなく、食欲を引き立てる味噌の匂《にお》いのみが鼻孔《びこう》をくすぐるのはこのためである。味噌のやさしい酸味が生臭みを消すだけでなく、味噌にはマスキング効果といって、味噌そのものの匂いが生臭みや獣臭を包み込んで抑えてしまう効果があるからである。日本は四方を海に囲まれた海洋国家であるから、海から大量の魚を獲り、また内陸では川や池、沼、湖からも魚が獲れるので、日本人は魚食民族と言ってもよいほど魚を食べてきた。そこに味噌の存在は、魚をいっそうおいしく食べられることをこの民族にしっかりと教えてくれた基本のようなものであり、さらに栄養学的cシヤから見れば、魚の動物性タンパク質と、味噌の植物性タンパク質とが体の中で融合《ゆうごう》するという、理想的な活力源の獲得《かくとく》につながるのである。

とにかく、味噌が、この国の代表的民族食のひとつとなったのは、このような味噌の底力を日本人が的確に見抜《みぬ》く力を持っていて、それを実践《じっせん》してきたことに尽きるのである。

Ⅱ 「すし」は粒食《りゅうしょく》民族日本人の代表的嗜好食品のひとつである。このすしの字には「鮓《すし》」と「鮨《すし》」とが当てられている。街で見る「寿司《すし》」

の字は縁起《えんぎ》をかついだあて字だ。この両者の使い分けは昔から明瞭《めいりょう》ではなく、『和名類聚抄《わみょうるいじゅうしょう》』には鮨、ほぼ同じ平安時代の『延喜式《えんぎしき》』には鮓で出ている。有力な説では、鮓は魚と米でつくった熟鮓《なれずし》（馴《な》れ鮓とも書く）のことで間違《まちが》いなさそうだが、「鮨」は実にさまざまな説がある。中国的解説であると「魚の塩辛《しおから》」とあり、日本的であると「すし」で「酢につけた魚」あるいは「酢・塩で味をつけた飯に、魚肉や野菜などをまぜたもの。また、酢をした飯をにぎって、その上に魚や貝類の肉をのせたもの」（いずれも『学研漢和大字典』）である。私は、発酵したすしを「鮓」、発酵せず飯や魚に酢を加えてから押したり握《にぎ》ったりするすしを「鮨」とした。

さて、この日本には今日、大別すれば二種類のすしがある。そのひとつは極めて大昔からの「熟鮓」。他方はそれに比べればたいそう新しい「早ずし」である。ここではまず熟鮓について説明する。

熟鮓とは、魚を飯とともに重石《おもし》で圧《お》し、発酵させてからよく熟《な》れさせたすしのことで、その原形は中国や東南アジアに古くからあったものである。これが我が国に伝わってからは、例によって、日本人の知恵《ちえ》が随所《ずいしょ》に入り、日本独自の熟鮓がつくりあげられてきた。［A］

日本の熟鮓の最も古い方法のひとつは、和歌山県の新宮市《しんぐうし》、海草郡《かいそうぐん》、有田郡《ありだぐん》一帯にみられる鮓で、材料の魚にはサケ、サンマ、カマス、サバなどが用いられる。まず、腹を開けて内容物を取ったのち、塩を詰《つ》めて桶《おけ》に漬け込む。一か月後、これを洗い上げてから、今度は腹に飯を詰め、竹の葉に包んで鮓桶に漬け直し、重石をかけて二ケ月間も発酵させたものである。琵琶湖《びわこ》を中心とした鮒鮓《ふなずし》は、四～五月ごろの産卵前の煮《に》頃鮒《ころぶな》を塩に漬け、七月土用《どよう》になったら鮓桶に飯と鮒とを交互に漬け込み、強く重石をして正月ごろから食する。

青森県や秋田県のハタハタ鮓は、ハタハタと飯、米麹での熟鮓、石川県の蕪鮓《かぶらずし》はブリと蕪、飯、米麹での熟鮓である。全国にはこれらのほか、イワシ、ニシン、サバ、ハモ、ボラ、アジ、ウグイ、ウナギ、サケ、マス、ハヤなどを材料とした熟鮓がたくさんある。［B］

このようなさまざまな熟鮓には、極めて深い知恵がある。それはまず保存性にあり、この食べものこそ、日本で最古の保存食品のひとつなのである。魚を飯や麹などに漬け込んでいる間、乳酸菌は飯に作用し、発酵して乳酸をつくり、酸味が強くなって、pHを下げるから防腐《ぼうふ》効果を持つことになる。

この乳酸発酵の際、魚のタンパク質はアミノ酸に変化するから、うま味が強まり、特有の魚臭は、乳酸発酵の初期に活躍《かつやく》したプロピオン酸菌や酪酸菌の生成した d トクイな匂いに打ち消されてなくなってしまう。［C］

また、この鮓を食べることにより、そこに多量に棲息《せいそく》する整腸作用によい細菌群が体内に入り、腸内にすみついて、異常発酵菌や腐敗菌《ふはいきん》の侵入を阻止《そし》したり、そこで各種のビタミンをつくるから、人はそれを吸収して、栄養バランスをも補うことができたのである。したがって熟鮓は、食味を楽しみ、保存食品として e<u>チョウホウ</u>し、自然の滋養食品としても珍重《ちんちょう》したという、大変に価値の高い食品なのである。

このように熟鮓は、大変に古い時代からの伝承法によってつくられるもので、乳酸菌による乳酸発酵を行わせる必要があり（乳酸には防腐効果があって腐敗菌は侵入《しんにゅう》できない）、数ヶ月という長い期間を費やすことになる。これに対して、酢にも防腐効果が強くあるので、飯や魚に酢を初めから加えてしまえば、熟鮓のように乳酸発酵の必要はなくなり、すぐに食べられる。この酢を加える方法が「早ずし」である。

早ずし（「当座《とうざ》ずし」ともいう）の代表的例のひとつは、富山名物の「マスずし」だ。解体したマスを三枚におろし、皮、骨などを取り除いた後、肉身を幅約四～五センチ、厚さ約三ミリほどに切る。この薄《うす》切り肉に特上質の食塩を振《ふ》りかけて二時間ほど放置した後、米酢に調味した漬け汁でよく洗っておく。一方、酢飯は、精白米を硬《かた》めに炊くが、初めから酢を加えて味付けして炊く場合と、炊いた後に酢を混ぜる場合がある。

次に、曲物《まげもの》の底に放射状に敷《し》いた青笹《あおざさ》の上に、酢洗いした切り身をすき間なく並べ、その上に冷やした酢飯を押さえながら詰め、そこに敷いた笹を折り曲げて蓋《ふた》をする。この曲物をいくつか重ねた後、一五～二〇キロほどの重石をのせて数時間熟れさせて出来上がる。

この種の早ずしは他にも多くある。京都の「鯖《さば》ずし」や「鰶《このしろ》ずし」、また全国各地に見られる「鮎《あゆ》の押しずし」「山女《やまめ》ずし」「小鯛《こだい》の笹ずし」「鮭《さけ》ずし」「小鯵《こあじ》の押しずし」など一連の押しずしものである。これらは一六〇〇年代の初め（慶長《けいちょう》年間）、上方で生まれた知恵の賜物《たまもの》である。

Ⅲ

金光さん：［Ⅰ］の文章は、「味噌料理とその特性」について、［Ⅱ］の文章は、「酢とすし」について書かれているね。

八尾さん：［Ⅰ］の文章と［Ⅱ］の文章には、共通点があるよね。

高安さん：それは、味噌や酢の美味しさはもちろんのことだけど、何よりも［　1　］する力のことだよね。このおかげで、生の魚もしっかり

［1］できるようになったんだね。

八尾さん：［Ⅱ］の文章の、「熟鮓」と「早ずし」も、［1］するという観点で深いつながりがあるね。

高安さん：え？　それぞれ、どんなすしのことなの？

金光さん：熟鮓は［2］すしで、早ずしは［3］すしだよ。特に早ずしは、私たちにもなじみが深いすしだね。

高安さん：そうなんだあ。よーし、わたしも味噌や酢のパワーをもらって、宿題がんばらなくちゃ。早速みんなで、早ずし、作ってみない？

問一　二重ぼう線部a～eのカタカナを漢字に直しなさい。

問二　空らん（　X　）・（　Y　）にあてはまることばを、次のア～エより一つずつ選び、記号で答えなさい。

ア　いわゆる　　イ　それにしても　　ウ　例えば　　エ　では

問三　ぼう線部①「味噌の持つ味と香り」とありますが、味噌が美味しく感じられる理由としてあてはまらないものを、次のア～エより一つ選び、記号で答えなさい。

ア　味噌の主原料である大豆はタンパク質分解酵素で分解されるとアミノ酸などに変化するから。

イ　味噌の発酵時に酵母や乳酸菌が働いて酸味や香気成分をつくり、風味が高まるから。

ウ　味噌のうま味や酸味、香気成分が、料理の材料を丸ごと包み込んでくれるから。

エ　味噌のもつ性質には、素材の味を自在に操って変化させるはたらきがあるから。

問四　ぼう線部②「サバやイワシの味噌煮には魚特有の臭みがなく、食欲を引き立てる味噌の匂いのみが鼻孔をくすぐる」とありますが、それはなぜですか。四十五字以内で答えなさい。

2024(R6) 金光八尾中
K 教英出版

〈計算用紙〉

5　同じ大きさの玉と、同じ長さの棒(ぼう)がたくさんあります。この玉と棒を組み合わせて、下の図のように1段、2段、3段…と規則にしたがって正方形を作ります。

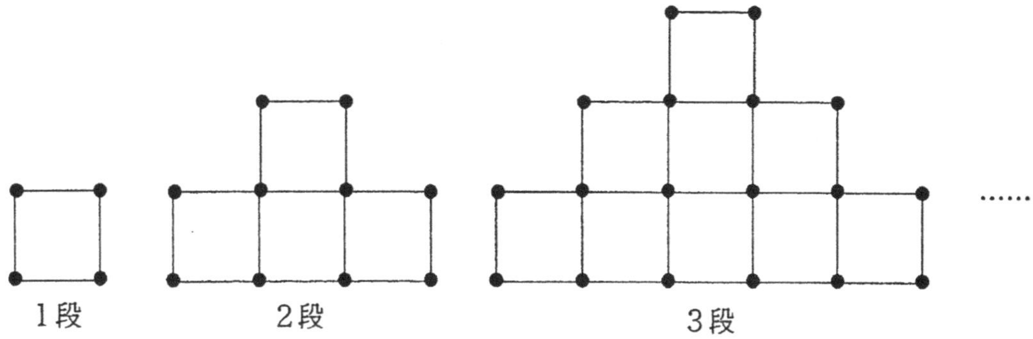

次の各問いに答えなさい。

(1) 次の表は、それぞれの段における、1本の棒を1辺とする正方形の個数と玉の個数、棒の本数をまとめたものです。表の中のア、イ、ウにあてはまる数を答えなさい。

段	1	2	3	4	…
正方形（個）	1	4	ア	16	…
玉（個）	4	10	18	イ	…
棒（本）	4	13	26	ウ	…

(2) 正方形の個数が全部で49個となるのは、何段のときですか。

(3) 玉の個数が全部で88個となるのは、何段のときですか。

(4) 棒の本数が全部で229本となるとき、正方形の個数はいくつですか。

〈 計算用紙 〉

4　たかしさんは家から 3000 m はなれた駅まで自転車で行きました。途中、タイヤがパンクしたので、分速 60 m の速さで歩いて自転車店まで引き返し、修理をしてもらいまし その後、再び自転車で最初と同じ速さで駅へ向かいました。下のグラフは、たかしさん 家を出発してからの時間と家からのきょりの関係を表したものです。次の問いに答えない。

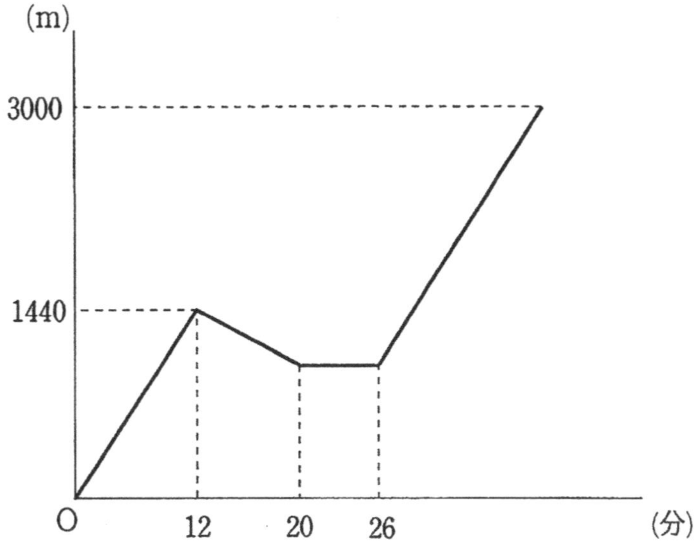

(1)　自転車がパンクしてから修理が終わるまでの時間は何分ですか。

(2)　自転車で走っているときの速さは分速何 m ですか。

(3)　家から自転車店までのきょりは何 m ですか。

(4)　駅に着くのは家を出発してから何分後ですか。

〈 計算用紙 〉

【5】次の英文を読んで、あとの問いに答えなさい。

In spring, the weather starts to get warm. The wind blows gently. It often rains. Plants start to grow. Everything turns green. It is exciting to take a trip in spring. The weather is hot in summer. The sun shines brightly. Many people like to go t the beach and swim in the sea. It is nice to eat ice cream in the hot weather. I autumn, everything changes. Leaves turn brown, red or yellow and start falling from the trees.

問　下の文は、上の英文を日本語に直した文です。（　①　）～（　④　）に入れる のに最も ふさわしいものを、ア～ウからそれぞれ1つずつ選び、記号で答えなさい

春には、気候が（　①　）。風が優しく吹きます。よく雨が降ります。植物が育ち始めます。あらゆるものが緑になります。　春に（　②　）のもワクワクします夏は暑いです。太陽が明るく輝きます。（　③　）は、ビーチに行き、海で泳ぐのが好きです。暑い日にアイスクリームを食べることは素敵です。秋には、（　④　）が変化します。葉は茶色や赤色、黄色に変わり、木から落ち始めます。

①　ア　穏やかになり始めます
　　イ　厳しくなり始めます
　　ウ　暖かくなり始めます

②　ア　旅行する
　　イ　昼寝をする
　　ウ　遠足に行く

③　ア　ほとんどの人
　　イ　何人かの人
　　ウ　多くの人

④　ア　いくつかのもの
　　イ　あらゆるもの
　　ウ　ほとんどのもの

【4】次の各文を、日本語の意味になるように並べ替え、全文を解答用紙に書きなさい。(文頭にくる文字も小文字で表記しているので、最初の文字は大文字で書きなさい。)

1. 私たちの写真を撮ってください。
(a picture / of / please / us / take).

2. 朝食の前に顔を洗いなさい。
(face / breakfast / wash / before / your).

3. 私の大好きな教科は英語です。
(English / subject / favorite / is / my).

4. 水をいただけませんか。
(water / some / give / you / me / could)?

2024(R6) 金光八尾中
K 教英出版

(5) (1) から (4) より、次の文の (①) および (②) にあてはまる語句の組み合わせとして正しいものを、次のアからカより1つ選び、記号で答えなさい。

風下側の山のふもとでは、風上側の山のふもとに比べて気温は (①)。この現象を (②) という。

	(①)	(②)
ア	上がる	ラニーニャ現象
イ	上がる	エルニーニョ現象
ウ	上がる	フェーン現象
エ	下がる	ラニーニャ現象
オ	下がる	エルニーニョ現象
カ	下がる	フェーン現象

【４】図は、太平洋側から空気が山をこえて、日本海側へふき降りるときの様子です。
これについて、次の（１）から（５）の問いに答えなさい。

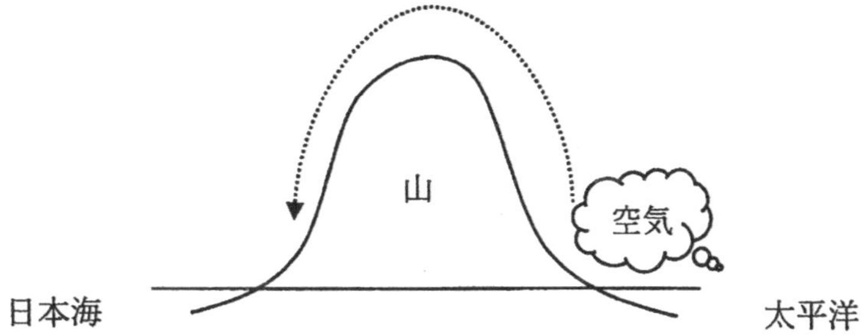

（１）次の文の（　①　）から（　⑦　）にあてはまる語句を下の【語群】から選び、記号で答えなさい。

空気が風によって山にふき当たると（　①　）ができ、空気の気圧は（　②　）、空気は（　③　）して、温度が（　④　）がる。そして、気温が（　⑤　）になると、水蒸気が水のつぶとなり始める。さらに水のつぶが上昇《しょう》すると氷のつぶになる。これが上空に浮《う》かんだものが（　⑥　）である。

空気は 100m 上昇するにつき、1℃（　④　）がり、（　⑥　）ができたあとは 100m 上昇するにつき、0.5℃（　④　）がる。また、下降するときは、（　⑥　）がなくなるので、100m 下降するにつき、1℃（　⑦　）がる。

【語群】

ア．ゆう点　　イ．ふっ点　　ウ．ろ点　　エ．上昇気流　　オ．下降気流
カ．高くなり　　キ．低くなり　　ク．膨張《ぼうちょう》　　ケ．収縮　　コ．上　　サ．下
シ．雷《かみなり》　　ス．雲

（２）22℃の空気が太平洋側から山にふき当たり、1200m の高さに達した。このとき、（　⑥　）ができた。このときの空気の温度は何℃になりますか。

（３）（２）の空気がさらに 1000m 上昇すると、山頂に達した。このときの空気の温度は何℃になりますか。

（４）この空気が日本海側まで降りたとき、空気の温度は何℃になりますか。

（4）次の図2のように、2つの種子を点線(－－－－)で切って分け、それぞれを土に植えました。数日後、切り分けた種子（矢印①から③）はどのようになっていますか。次のアからエより1つずつ選び、記号で答えなさい。ただし、同じ記号を何度使用してもよいものとします。

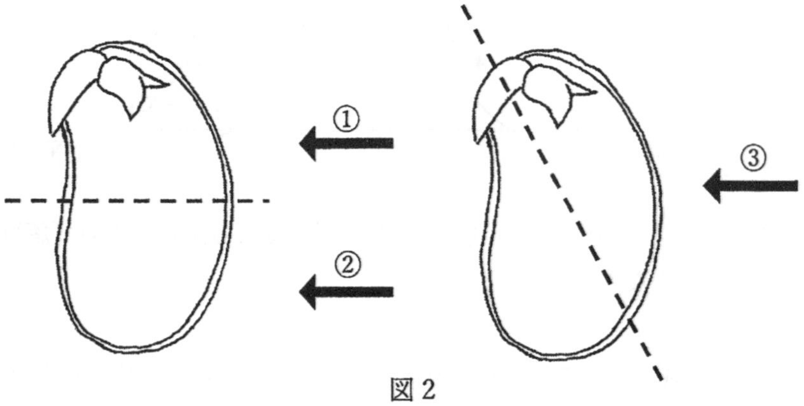

図2

ア．発芽しない。

イ．発芽するが、種子を切らずに発芽させたときよりも成長していない。

ウ．種子を切らずに発芽させたときと同じ大きさまで成長している。

エ．発芽するが、種子を切らずに発芽させたときよりも大きく成長している。

（5）図3は、イネの種子をあらわしたものです。イネが発芽するのに必要な栄養分がふくまれているところは、FからHのどれですか。1つ選び、記号で答えなさい。また、その名前も答えなさい。

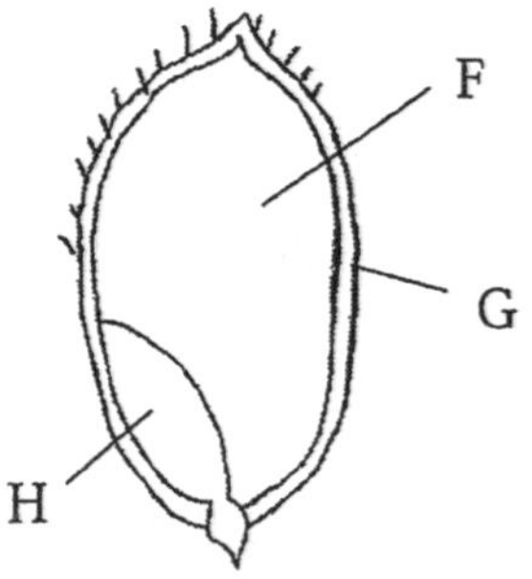

図3

（6）種子にはいろいろな栄養分がたくわえられています。次のうち、おもにタンパク質をふくむ種子をつくる植物はどれですか。次のアからオより1つ選び、記号で答えなさい。

ア．トウモロコシ　　イ．イネ　　ウ．ムギ　　エ．ゴマ　　オ．ダイズ

2024(R6) 金光八尾中
K 教英出版

問３　年表中の③について、【　　　　】には武士をまとめていく最高の地位が入ります。その名前を答えなさい。

問４　年表中の④について、応仁の乱に関して説明したＸ・Ｙの文について、両方とも正しければ（ア）、Ｘが正しくＹが間違っていれば（イ）、Ｘが間違いでＹが正しければ（ウ）、両方とも間違っていれば（エ）と答えなさい。

Ｘ．将軍足利義政のあとつぎをめぐって戦乱が始まった。
Ｙ．奈良のまちを中心に戦乱がくり広げられ、たくさんの家や神社、寺が焼けた。

問５　年表中の⑤について、同じ年に起こった出来事として正しいものを、（ア）～（エ）より１つ選び、記号で答えなさい。

（ア）織田信長が室町幕府をほろぼす。
（イ）織田信長が明智光秀におそわれ自害する。
（ウ）豊臣秀吉が大阪城を築く。
（エ）豊臣秀吉が刀狩を命じる。

問６　年表中の⑥について、このときに鉄道が開通した区間として正しいものを、（ア）～（エ）より１つ選び、記号で答えなさい。

（ア）京都－名古屋間　　（イ）京都－横浜間　　（ウ）新橋－名古屋間　　（エ）新橋－横浜間

問７　年表中の⑦について、日中戦争中に出された、国民や物資のすべてを統制できる権限を政府にあたえた法律を何といいますか。その名前を答えなさい。

問８　年表中の⑧について、この時オリンピックが開催された都市として正しいものを、（ア）～（エ）より１つ選び、記号で答えなさい。

（ア）札幌《さっぽろ》　　（イ）東京　　（ウ）長野　　（エ）名古屋

問９　年表中のＡの期間のうち、古墳時代に関する説明として正しいものを、（ア）～（エ）から１つ選び、記号で答えなさい。

（ア）古墳の表面には石がしきつめられ、たくさんの土偶が並んでいた。
（イ）前方後円墳は大王のためだけにつくられたので、近畿地方にしか存在しなかった。
（ウ）大和政権の支配は、九州から北海道にまで広がっていった。
（エ）大和政権は渡来人を通じて大陸からの文化を受け入れた。

問10　年表中のＢの期間中に、道路や橋、ため池などをつくって農民のくらしを助けるとともに、農民に仏教を広めたほか、東大寺の大仏づくりにも協力した人物は誰《だれ》ですか。その人物の名前を漢字で答えなさい。

問11　年表中のＣの期間中に、日本でおきた出来事を年代順に並べかえたとき、正しい順番を、（ア）～（カ）より１つ選び、記号で答えなさい。

（ａ）元の大軍が２度にわたり九州北部にせめてきた。
（ｂ）京都の室町に花の御所がつくられた。
（ｃ）武士の裁判の基準となる御成敗式目がつくられた。

（ア）ａ→ｂ→ｃ　　（イ）ａ→ｃ→ｂ　　（ウ）ｂ→ａ→ｃ
（エ）ｂ→ｃ→ａ　　（オ）ｃ→ａ→ｂ　　（カ）ｃ→ｂ→ａ

問12　年表中のＤの期間中に、日本で起こった出来事として正しいものを、（ア）～（エ）より１つ選び、記号で答えなさい。

（ア）フランシスコ・ザビエルは、鹿児島に来て、西日本をまわりながらキリスト教を広めた。
（イ）スペイン人の乗った船が種子島へ流れ着き、鉄砲が伝えられた。
（ウ）足利尊氏は明との貿易を始め、たくさんの富をたくわえた。
（エ）観阿弥・世阿弥の父子は、足利義満の保護を受けて水墨画を完成させた。

問13　年表中のＥの期間中に活躍《かつやく》した人物と、その説明として間違っているものを、（ア）～（エ）より１つ選び、記号で答えなさい。

（ア）伊能忠敬　－　幕府の命令を受け全国を測量して歩き、正確な日本地図をつくろうとした。
（イ）徳川吉宗　－　目安箱を設けて、人々の投書も参考にしながら政治を進めた。
（ウ）ペリー　　－　４隻《せき》の軍艦《ぐんかん》を率いて長崎に現れ、日本の開国を求めた。
（エ）徳川慶喜　－　幕府の政治をこのまま続けることはできないとして政権を天皇に返した。

問14　年表中のＦの期間中に、中国へ勢力をのばそうとしていたある国が、ドイツとフランスとともに、遼東半島を清に返すように日本に強くせまりました。ある国とはどこですか。その国の名前を答えなさい。

問15　年表中のGの期間中に、日本の経済は急速に発展し、高度経済成長がはじまりました。この高度経済成長期の出来事として間違っているものを、（ア）～（エ）より１つ選び、記号で答えなさい。

（ア）国民所得倍増計画を発表し、産業を急速に発展させる政策を進めた。
（イ）産業が発展していく一方で、公害などの環境問題が生まれた。
（ウ）国民総生産がアメリカに次いで世界第２位になった。
（エ）土地などの価格が急激に高くなるバブル経済が起こった。

3　次の文を読んで、後の問いに答えなさい。

私たちの暮らしの中には、さまざまな法やきまりがかかわっており、それらは、①住みよい社会を願う人々の思いからつくられたもので、その基本を定めたものが②日本国憲法です。日本国憲法は、太平洋戦争が終わり、平和を願う中で③公布されたこともあり、戦争をくり返さないという決意のもとに平和主義の原則をかかげています。また、世界でただ一つの被爆《ひばく》国として、日本は核《かく》兵器を「もたない、つくらない、もちこませない」という【　A　】を宣言しており、④国際連合での活動を通じ、世界平和の重要性を⑤国際社会において訴《うった》え続けています。

そこで、平和主義の原則をかかげた日本国憲法に反する政治がおこなわれないようにし、再び政府の手によって戦争がおきないようにするためには、違憲審査権を持つ裁判所の役割も重要です。国民と裁判所との関わりは、憲法に明記されている最高裁判所裁判官の【　B　】があります。司法権に対する国民の関心と信頼《しんらい》を高めることを目的に2009年から⑥裁判員制度が始まり、司法権がより身近なものになることが期待されています。

問1　文中の【　A　】・【　B　】に入る語句を漢字で答えなさい。

問2　下線部①について、住みよい社会を整えるために、高齢者《こうれいしゃ》や障がいがある人たちにとって障壁《しょうへき》となるものを取り除くことを何といいますか。

問3　下線部②について、日本国憲法の内容に関して説明したX・Yの文について、両方とも正しければ（ア）、Xが正しくYが間違っていれば（イ）、Xが間違いでYが正しければ（ウ）、両方とも間違っていれば（エ）と答えなさい。

X．日本国憲法は天皇を日本国の象徴《しょうちょう》と定め、天皇は国の政治に関する権限はなく国会の助言と承認にもとづいて、憲法で定められた仕事をおこなう。

Y．日本国憲法は国民が選挙を通じて政治に参加するだけでなく、憲法改正の国民投票など国民が自ら重要なことがらを決める制度も保障している。

問4　下線部③について、日本国憲法が公布された日は国民の祝日となっています。その祝日として正しいものを、（ア）～（エ）より１つ選び、記号で答えなさい。

（ア）文化の日　　（イ）憲法記念日　　（ウ）建国記念の日　　（エ）昭和の日

問５　下線部④について、国際連合では活動費用を加盟国《かめいこく》で負担しています。現在、活動費用を最も多く負担している国として正しいものを、（ア）～（エ）より１つ選び、記号で答えなさい。

（ア）日本　　（イ）中国　　（ウ）アメリカ　　（エ）イギリス

問６　下線部⑤について、国際社会への貢献《こうけん》のために活動しているＯＤＡに関する説明として正しいものを、（ア）～（エ）より１つ選び、記号で答えなさい。

（ア）国連環境計画にもとづき、紛争《ふんそう》の解決のために国連平和維持《いじ》活動を行っている。
（イ）青年海外協力隊は日本のＯＤＡの一つであり、教育や農業などの分野で活躍している。
（ウ）紛争《ふんそう》や貧困などの問題が多く、社会環境が整備されていない先進国に対し援助《えんじょ》している。
（エ）政府から独立している民間の団体で、主に募金《ぼきん》や寄付金、ボランティアで支えられている。

問７　下線部⑥について、この制度のしくみを説明したＸ・Ｙの文について、両方とも正しければ（ア）、Ｘが正しくＹが間違っていれば（イ）、Ｘが間違いでＹが正しければ（ウ）、両方とも間違っていれば（エ）と答えなさい。

Ｘ．裁判員は裁判官と話し合い、有罪か無罪かだけを判断し、刑罰《けいばつ》は判断しない。
Ｙ．裁判員は選挙権を持っている、20才以上の人の中からくじで選ばれる。

〔　問題は以上　〕

小計

【二】

問一

a

b

問二

問三

問四

問五

35

問六

問七

問八

問九

問十

35

令和６年度　金光八尾中学校　学力検査問題　　算数　　解答用紙

受験番号	

得点合計
※100点満点 （配点非公表）

1

(1)	①		②		③	

(2)	①		②	kg
	③	円	④	通り

小計

2

(1)	円	(2)	箱
(3)	時　分	(4)	枚

小計

【解答用

令和6年度　金光八尾中学校　学力検査問題　英語　解答用紙

受験番号

合　計

※50点満点
（配点非公表）

【1】

1

2

3

4

小　計

【2】

1　2　3　4　5

小　計

【3】

Q1　Q2　Q3　Q4

小　計

【解答用

受　験　番　号

令和６年度　金光八尾中学校　学力検査問題　理科　解答用紙

合計
※50点満点 （配点非公表）

【１】

（１）	カロリー	（２）	℃	（３）	カロリー
（４）	カロリー	（５）	①	②	
③	g	④		（６）	

小計

【２】

（１）	①		②		③	
（２）	g	（３）		（４）		

小計

【解答用

令和６年度　金光八尾中学校　学力検査問題　社会

解　答　用　紙

受　験　番　号

合　　計
※50点満点 （配点非公表）

1

問１		問２		問３	
問４		問５		問６	市
問７	運動	問８		問９	
問10		問11		問12	県
問13		問14	山脈	問15	

小　　計

【解答用

2

問1		問2		問3	
問4		問5		問6	
問7	法	問8		問9	
問10		問11		問12	
問13		問14		問15	

小計

3

問1	【A】		【B】		
問2		問3		問4	
問5		問6		問7	

小計

【3】

(1)		(2)		(3)	
(4) ①		②		③	
(5) 記号		名前		(6)	

小計

【4】

(1)	①		②		③		④	
	⑤		⑥		⑦			
(2)	℃		(3)	℃				
(4)	℃		(5)					

小計

【4】

1 .

2 .

3 .

4 ?

小　計

【5】

① ② ③ ④

小　計

		度		度	小計
(2)	ア	cm^2	イ	cm^2	

4

(1)	分	(2)	分速　m	小計
(3)	m	(4)	分後	

5

(1)	ア		イ		ウ	小計
(2)	段	(3)	段	(4)	個	

受験番号

令和6年度　金光八尾中学校　学力検査問題　国語　解答用紙

得　点

点

※100点満点
（配点非公表）

小　計

【一】

問一

a

b

c

d

e

問二

X

Y

問三

問四

45

問五

問六

問七

最初

〜

最後

問八

25

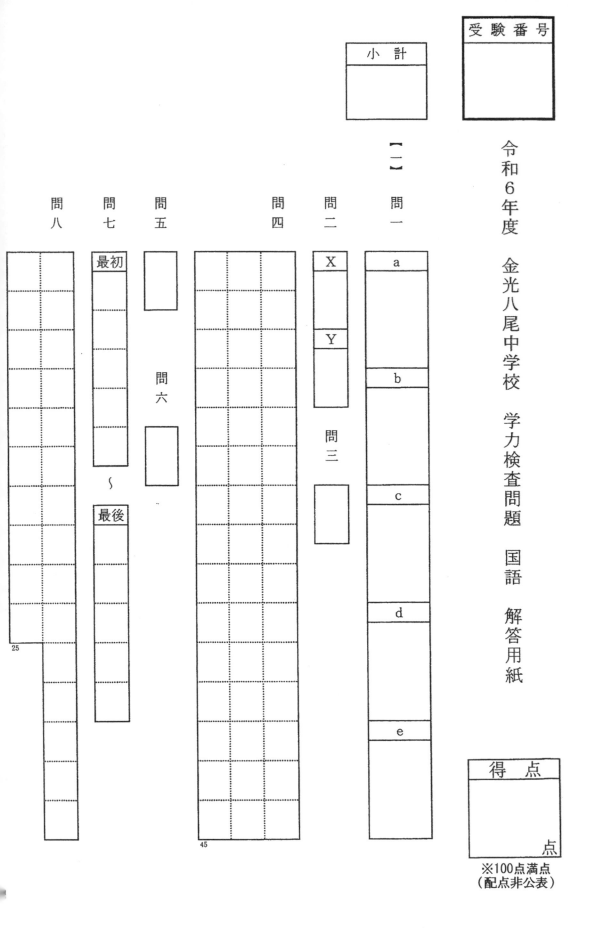

1　次の〔地図Ⅰ〕～〔地図Ⅱ〕をみて、後の問いに答えなさい。

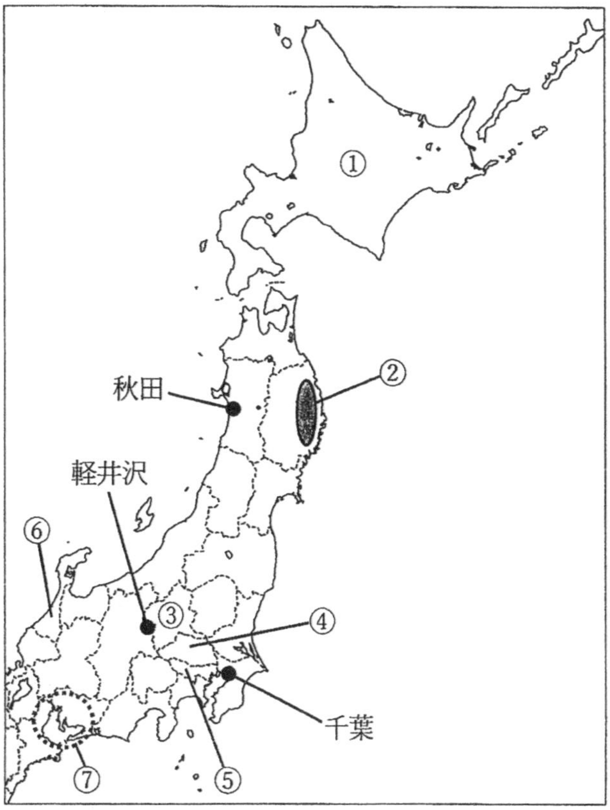

〔地図Ⅰ〕

問１　〔地図Ⅰ〕中の①の北海道の十勝平野では、農作物の病気を防ぐために、複数の作物を順に違《ちが》う畑で育てる工夫がされています。この農業方法を何といいますか。その名前として正しいものを（ア）～（エ）より１つ選び、記号で答えなさい。

（ア）転作　　（イ）輪作　　（ウ）専業農家　　（エ）兼《けん》業農家

問２　〔地図Ⅰ〕中の①の北海道は漁業が盛んです。北海道沖で獲《と》れる魚と、その魚と関わりの深い海流の組合せとして正しいものを、（ア）～（エ）より１つ選び、記号で答えなさい。

（ア）さんま－親潮　　（イ）さんま－黒潮　　（ウ）タイ－親潮　　（エ）タイ－黒潮

問３　〔地図Ⅰ〕中の②の地域では、山はばが広く連なる山地がみられます。この地域の名前として正しいものを、（ア）～（エ）より１つ選び、記号で答えなさい。

（ア）北見山地　　（イ）天塩《てしお》山地　　（ウ）北上高地　　（エ）阿武隈《あぶくま》高地

問４　下の図は〔地図Ⅰ〕中の秋田市、軽井沢《かるいざわ》町、千葉市の気温と降水《こうすい》量のグラフです。グラフと都市名の組み合わせとして正しいものを、（ア）～（カ）より１つ選び、記号で答えなさい。

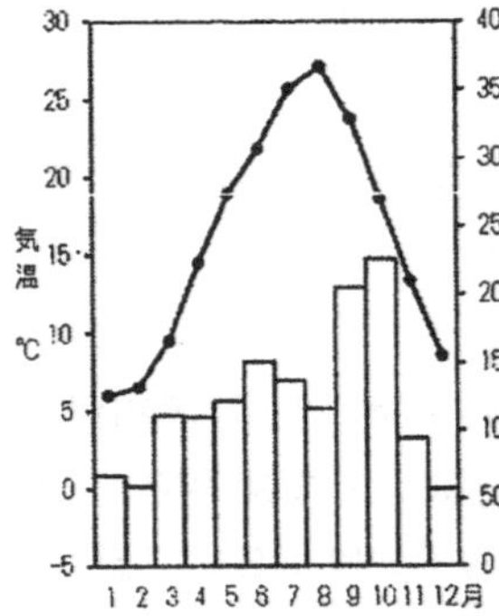

A

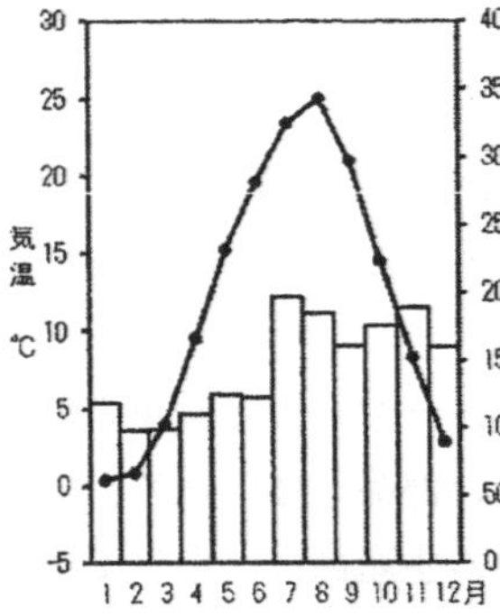

B

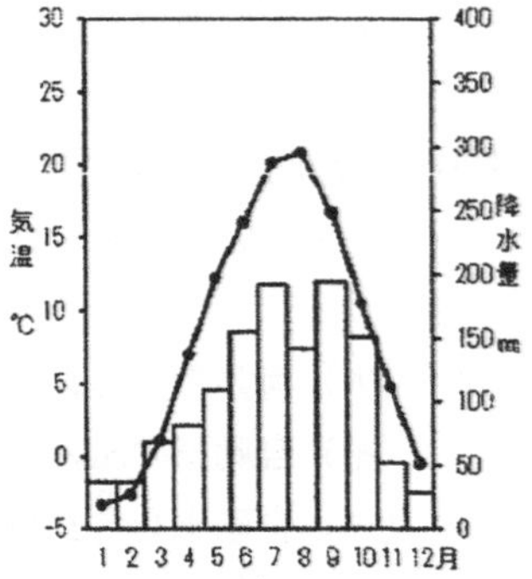

C

気象庁「過去の気象データ」より作成。統計値は 1991～2020 年の平年値。

（ア）Ａ－秋田市　　Ｂ－軽井沢町　　Ｃ－千葉市
（イ）Ａ－秋田市　　Ｂ－千葉市　　Ｃ－軽井沢町
（ウ）Ａ－軽井沢町　　Ｂ－秋田市　　Ｃ－千葉市
（エ）Ａ－軽井沢町　　Ｂ－千葉市　　Ｃ－秋田市
（オ）Ａ－千葉市　　Ｂ－秋田市　　Ｃ－軽井沢町
（カ）Ａ－千葉市　　Ｂ－軽井沢町　　Ｃ－秋田市

問５　〔地図Ⅰ〕中の③の県にある嬬恋《つまごい》村で行われている農業に関して説明したＸ・Ｙの文について、両方とも正しければ（ア）、Ｘが正しくＹが間違っていれば（イ）、Ｘが間違いでＹが正しければ（ウ）、両方とも間違っていれば（エ）と答えなさい。

Ｘ．県内に空港があり、飛行機を使って農作物の大都市にすぐに運べることから、近郊《きんこう》農業が盛んである。
Ｙ．夏でも涼《すず》しい高原の気候をいかして、キャベツやレタスなどの高原野菜の栽培《さいばい》をしている。

問６　〔地図Ⅰ〕中の④の県の県庁所在地名を答えなさい。

問７　〔地図Ⅰ〕中の⑤の東京都の自然保護について説明した次の文の【　　　　】に入る語句を答えなさい。

> 東京都の北西部に広がる狭山丘陵《さやまきゅうりょう》では、自然環境を守るために土地を買い取ったり、寄付したりして保存していく運動である、【　　　　】運動をはじめる人がでてきています。この運動は120年ほど前にイギリスで始まり、日本では現在50か所以上の地域で行われています。

問８　〔地図Ⅰ〕中の⑥の県の伝統工芸品として正しいものを、（ア）～（エ）より１つ選び、記号
答えなさい。

（ア）大館《おおだて》曲げわっぱ　　（イ）輪島塗《わじまぬり》　　（ウ）瀬戸《せと》焼　　（エ）米沢織《よねざわおり》

問９　〔地図Ⅰ〕中の⑦の ◌ で示した中京工業地帯は自動車産業が盛んです。自動車に関する説明
して正しいものを、（ア）～（エ）より１つ選び、記号で答えなさい。

（ア）海外で売られている日本メーカーの自動車の大半は、国内工場で生産し輸出されている。
（イ）自動車の組み立ては細かい部品が多いため、すべて人の手によって組み立てられている。
（ウ）自動車を含《ふく》む輸送用機械の生産額は、中京工業地帯にある愛知県が日本で最も多い。
（エ）自動車工場で使われるほとんどの部品が１つの工場でつくられている。

問10　日本は様々な資源や農作物を外国から輸入しています。私たちが日々食べている食料のうち、
分の国で作られている食料の割合のことを何といいますか。その名前を漢字５文字で答えなさい

問11　日本の国土の地形に関する説明として正しいものを、（ア）～（エ）より１つ選び、記号で答
なさい。

（ア）日本には島が多いため海岸線の長さが約3.5万kmと長く、オーストラリアよりも長い。
（イ）日本列島は南北に連なっており、日本最南端《たん》の南鳥島は南半球に位置している。
（ウ）日本には川や湖が多く分布しており、国土の約５分の１が川や湖である。
（エ）日本には火山が多くみられ、とくに近畿地方で多くの火山がみられる。

問12　金光太郎くんは日本の都道府県名を覚えるために、47都道府県名を五十音順に並べたカード
作りました。下の絵はそのカードの一部です。彼が作ったカード中の【　　　　】に入る県名を
字で答えなさい。

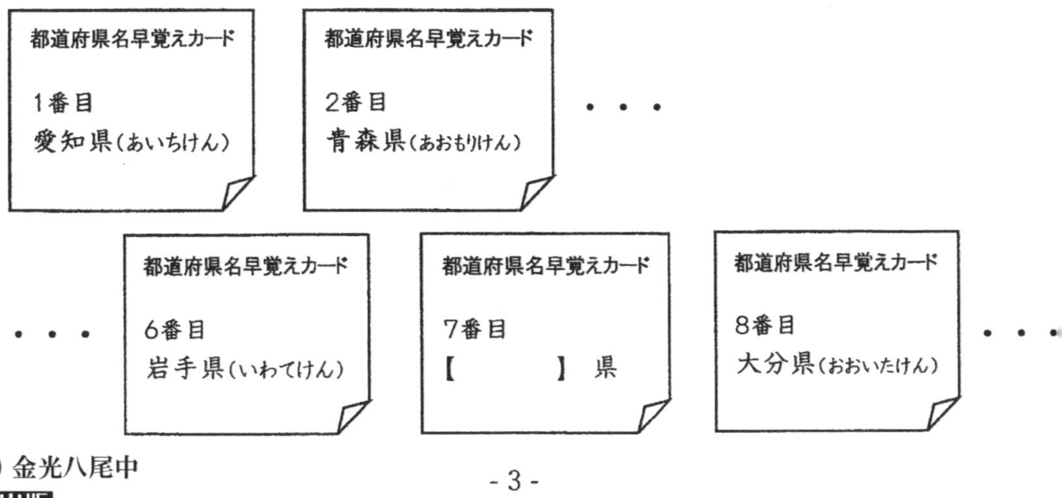

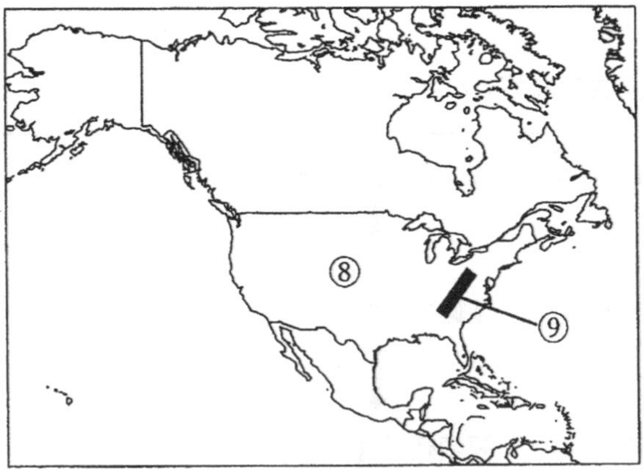

〔地図Ⅱ〕

問13　〔地図Ⅱ〕中の⑧の国に関する説明として正しいものを、（ア）～（エ）より１つ選び、記号で答えなさい。

（ア）世界で最も広い国土をもち、東の端と西の端で５時間の時差がある。そのため自動車や航空機が主な交通手段になっている。
（イ）首都のニューヨークを中心に、コンピューターをはじめとする情報通信技術や最先端技術の研究、開発が行われている。
（ウ）石油や石炭などが多く産出され、日本はこの国から石油を最も多く輸入している。
（エ）この国は建国以来、多くの移民を受け入れており、様々な民族が共に生活をする多文化社会がつくられている。

問14　〔地図Ⅱ〕中の⑨で示した山脈の名前を答えなさい。

問15　下のグラフは、日本・アメリカ・中国・ドイツのＧＤＰ（国内総生産）の移り変わりを示したものです。下のグラフに関して説明したＸ・Ｙの文について、両方とも正しければ（ア）、Ｘが正しくＹが間違っていれば（イ）、Ｘが間違いでＹが正しければ（ウ）、両方とも間違っていれば（エ）と答えなさい。

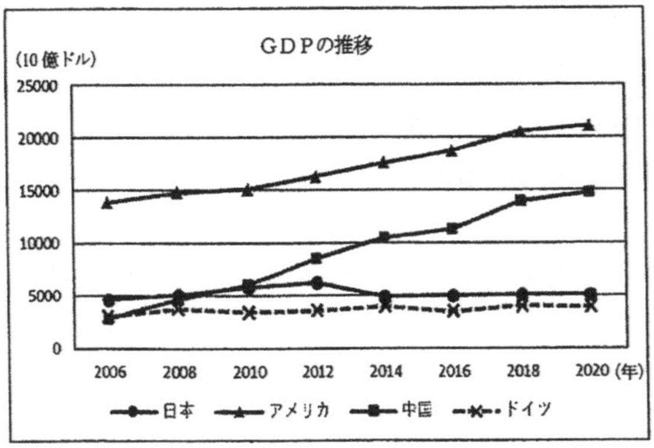

Ｘ．2006年のアメリカのＧＤＰは、中国のＧＤＰの約2.5倍であったが、2020年には約２倍に差が縮まっている。

Ｙ．2008年以降の中国のＧＤＰは、日本とドイツのＧＤＰの合計よりも多くなっている。

※中国に香港及びマカオは含まない。
内閣府「国民経済計算（GDP 統計）」より作成。

2 次の年表をみて、後の問いに答えなさい。

1万2000年前頃《ころ》	縄文時代が始まる	…… ①
	↕ A	
607年	聖徳太子が隋に使いを送る	…… ②
	↕ B	
1192年	源頼朝が【　　　　】となる	…… ③
	↕ C	
1467年	応仁の乱がおこる	…… ④
	↕ D	
1582年	天正の少年使節をローマに派遣《はけん》する	…… ⑤
	↕ E	
1872年	鉄道が開通する	…… ⑥
	↕ F	
1937年	日中戦争が始まる	…… ⑦
	↕ G	
1998年	日本でオリンピックが開催《かいさい》される	…… ⑧

問１　年表中の①について、縄文時代に関する説明として正しいものを、（ア）～（エ）より１つ選び、記号で答えなさい。

（ア）石包丁で稲の穂《ほ》をかり取り、高床倉庫にたくわえた。
（イ）青銅器が大陸から伝わり、祭りの時などに使用された。
（ウ）竪穴住居に住み、狩《か》りや漁をしたり、木の実などを採集して暮らしていた。
（エ）集落の周りにほりをめぐらした環濠《かんごう》集落がみられるようになった。

問２　年表中の②について、この時に隋に派遣された人物として正しいものを、（ア）～（エ）より１つ選び、記号で答えなさい。

（ア）小野妹子　　（イ）阿倍仲麻呂　　（ウ）中臣鎌足　　（エ）山上憶良

受　験　番　号

令和６年度

金光八尾中学校　学力検査問題

社　会

（30分）

（問題は1ページから10ページまで）

【3】インゲンマメの発芽について調べました。これについて、次の（1）から（6）の問いに答えなさい。

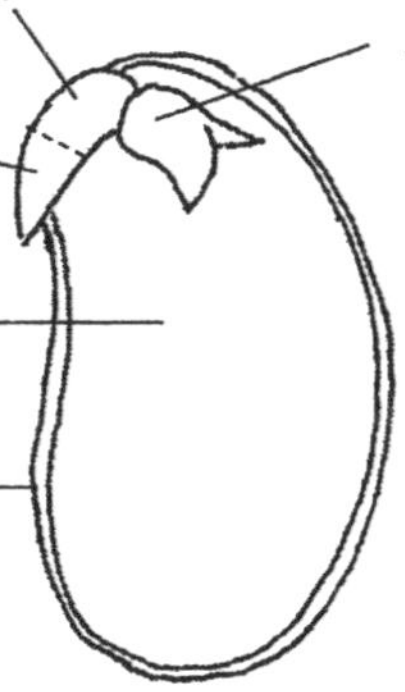

図1

（1）図1のインゲンマメの種子のつくりについて、発芽して最初に出る葉になる部分はAからEのどれですか。1つ選び、記号で答えなさい。

（2）インゲンマメの発芽前の種子にヨウ素液をつけると、Dの部分が青むらさき色になりました。この結果から、Dの部分には何がふくまれていることがわかりますか。

（3）発芽して数日たったあとのしぼんだDの部分に、ヨウ素液をつけると、色はあまり変わりませんでした。このことと、（2）の結果からわかることは何ですか。次のアからカより1つ選び、記号で答えなさい。

ア．種子の中の栄養分は、発芽や成長のために使われて少なくなっていく。

イ．種子が発芽するには、水や適当な温度が必要である。

ウ．発芽のための栄養分は、土の中から取り入れる。

エ．種子の中の栄養分をすべて使ってしまうと、インゲンマメはそれ以上成長することはできない。

オ．インゲンマメが成長するには、光合成を行うことが必要である。

カ．日光が種子に当たると、光合成が行われるので、栄養分が少なくなっていく。

5つのビーカーA、B、C、D、Eがあり、水、石灰水、炭酸水、食塩水、塩酸のどれかが入っています。ビーカー内の液体が何であるかを調べる方法として【実験1】から【実験4】を行い、その過程を次の図にまとめました。ただし、各実験に用いる液体は、そのつど、ビーカーから少量ずつ試験管やスライドガラス等に取り分けて用いることとします。

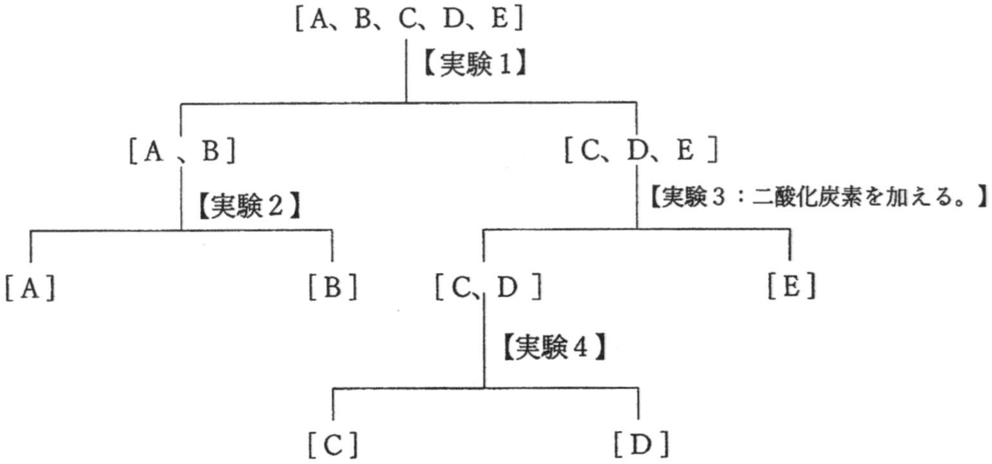

（5）【実験1】、【実験2】、【実験4】は、次のaからcのいずれかを表しています。【実験1】、【実験2】、【実験4】の組み合わせを次のアからカより1つ選び、記号で答えなさい。

a．湯でおだやかに温め、においをかぐ。

b．青色リトマス紙を用いて、色の変化をみる。

c．水をすべて蒸発させる。

	【実験1】	【実験2】	【実験4】
ア	a	b	c
イ	a	c	b
ウ	b	a	c
エ	b	c	a
オ	c	a	b
カ	c	b	a

【２】水、石灰水、炭酸水、食塩水、塩酸の５つの液体について、次の（１）から（５）の問いに答えなさい。

（１）次の文の（　①　）から（　③　）にあてはまる語句を答えなさい。

炭酸水は水に（　①　）という気体がとけている水溶《よう》液で、塩酸は水に（　②　）という気体がとけている水溶液である。塩酸にアルミニウムを加えると、（　③　）という気体が発生する。

（２）食塩は 80℃の水 100gに 38gまでとけます。80℃で 20％の食塩水 100gには、あと何gの食塩をとかすことができますか。小数第 1 位を四捨五入して、整数で答えなさい。

酸性の塩酸とアルカリ性の石灰水を適量混ぜると中性になります。これについて次の２つの実験を行いました。

【　実験Ａ　】

塩酸1mLと石灰水1mLを混ぜると、水溶液は中性になった。

【　実験Ｂ　】

塩酸だけに水を加えて２倍にうすめた。この２倍にうすめた塩酸2mLと石灰水1mLを混ぜると、水溶液は中性になった。

（３）酸性の液体とアルカリ性の液体を混ぜたとき、たがいの性質を打ち消し合う反応を何といいますか。

（４）【　実験Ｂ　】で２倍にうすめた塩酸25mLに、石灰水15mLを混ぜた水溶液を中性にするためにはどうしたらよいですか。次のアからエより１つ選び、記号で答えなさい。

ア．２倍にうすめた塩酸を5mL加える。

イ．２倍にうすめた塩酸を10mL加える。

ウ．石灰水を5mL加える。

エ．石灰水を10mL加える。

【　問題は次ページに続く　】

【1】水1gの温度を1℃上げるために必要な熱量を1カロリーといいます。次の（1）から（6）の問いに答えなさい。

（1）20℃、10g の水を30℃にするためには、何カロリーの熱量が必要ですか。

（2）20℃、50g の水に 2500 カロリーの熱量をあたえました。何℃になりますか。

（3）（2）の実験を行ったところ、温度の変化は、（2）の 80%でした。これは、容器も温まったためです。容器と水はいつも同じ温度です。容器の温度を1℃上げるためには、何カロリーの熱量が必要ですか。

氷1gの温度を1℃上げるためには、0.5 カロリーの熱量が必要です。また、氷 1g をとかして水にするためには、80 カロリーの熱量が必要です。

（4）－10℃、100gの氷を10℃の水にするためには、何カロリーの熱量が必要ですか。ただし，－10℃とは、0℃より 10℃低い温度のことです。

（5）次の文の（　①　）から（　④　）にあてはまる数値を答えなさい。

・20℃、200g の水 A と60℃、300g の水 B を混ぜる。0℃の水 1g を基準とすると、0℃の水 1g を水 A にするには（　①　）カロリー、水 B にするには（　②　）カロリーの熱量が必要である。

・水 A と水 B を混ぜると（　③　）gになるので、（　④　）℃になる。

（6）次の①から③の文のうち、正しいものはどれですか。あとのアからクより 1 つ選び記号で答えなさい。

① 海に近い地方より遠い地方の方が、気温が高くなりやすい。これは、海水が温まりにくいためである。

② ストーブの火の温度はとても高いのに、室温はそこまで高くならない。これは、空気が温まりにくいためである。

③ なべは金属でできているものが多い。これは、金属が温まりやすく、冷めにくいためである。

ア．①のみ　　イ．②のみ　　ウ．③のみ　　エ．①と②　　オ．①と③
カ．②と③　　キ．①と②と③　　ク．どれも正しくない

受　験　番　号

令和６年度

金光八尾中学校　　学力検査問題

理　　科

(30分)

(問題は１ページから８ページまで)

【3】次の A、B の会話文を読み、あとの英語の問いに対して適切な答えを、ア～ウからそれぞれ1つずつ選び、記号で答えなさい。

A

Woman : Excuse me. Could you please tell me the way to a restaurant? I'm hungry. I really want to have breakfast.

Man : Oh, yes. There is a big and clean restaurant down the street. Just go straight. I'm going to school now. My school is next to the restaurant. I can show you the way.

Woman : Thanks a lot.

Man : You are welcome.

Q1: What does the woman want to do?

ア To have lunch.
イ To go to school.
ウ To have breakfast.

Q2: How is the restaurant?

ア Big and clean.
イ Big and quiet.
ウ Small and clean.

Q3: Where is the restaurant?

ア Behind the school.
イ Next to the school.
ウ Near the school.

B

Man : What kind of music do you like?

Woman : I like rock music and pop music. What about you?

Man : I like country music.

Q4: What kind of music does the man like?

ア Country music.
イ Pop music.
ウ Rock music.

【2】次の1～5の英文の(　　　)内に入る最も適当なものを、ア～エから
それぞれ1つずつ選び、記号で答えなさい。

1. —Is this your bag?　　— (　　　)

ア No, it isn't.　　イ Yes, I am.　　ウ Yes, it does.　　エ No, I don't like it.

2. —Hello, I'm Amy.　　— Hi, (　　　)

ア thank you.　　イ my name is Peter.　　ウ what's your name?　　エ I am fine.

3. —What (　　　) is it today?　　— It's Friday.

ア date　　イ month　　ウ time　　エ day

4. — (　　　) is the T-shirt?　　— 30 dollars.

ア How much　　イ How many　　ウ How long　　エ What

5. —I'm sorry.　　— (　　　)

ア Welcome.　　イ I'm six years old.　　ウ That's OK.　　エ Thank you.

【1】次のイラストを見て、__に入るアルファベットを補って、英単語を答えなさい。

1

g _ _ p _

2

_ o a _ a

3

_ ni _ n

4

b _ _ eb _ ll

受　験　番　号

令和６年度

金光八尾中学校　学力検査問題

英　語

（30分）

（問題は１ページから５ページまで）

3　円周率を 3.14 として、次の問いに答えなさい。

（1）下の図は、2つの同じ二等辺三角形を組み合わせた図です。
角ア、イの大きさをそれぞれ求めなさい。

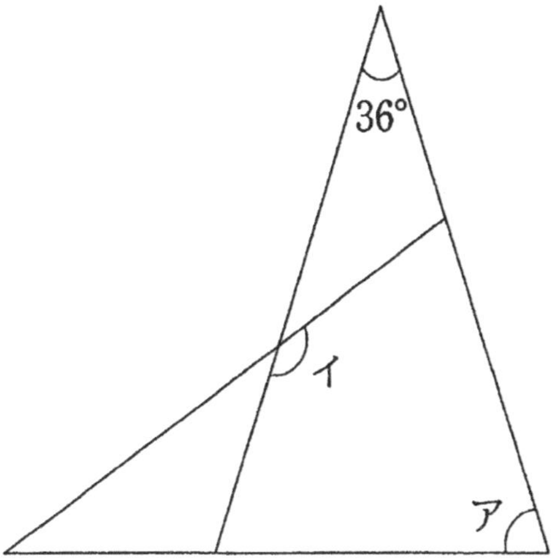

（2）下の図は、直角二等辺三角形と半円を重ねたものです。
ア、イの面積をそれぞれ求めなさい。

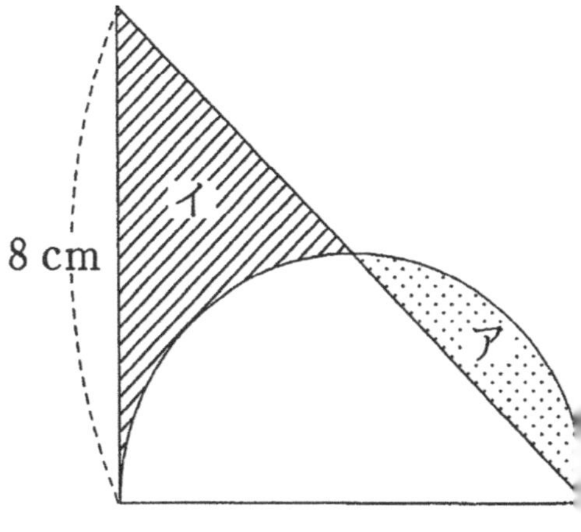

〈　計算用紙　〉

2　次の問いに答えなさい。

（1）あるお店では、コロッケ3個の値段とハンバーグ1個の値段は同じです。このお店で、コロッケ2個とハンバーグ3個を買うと、代金は880円でした。
ハンバーグ1個の値段は何円ですか。

（2）ボールが15個ずつ入った箱Aと、6個ずつ入った箱Bが合計90箱あります。これらのボールを、子ども90人に10個ずつ配るとちょうどなくなりました。箱Aは何箱ありますか。

（3）2時から2時59分の間で、時計の長針と短針が作る角が直角となる時刻は、何時何分ですか。

（4）30枚のメダルをA、B、Cの3人に分配します。3人のメダルの枚数について、Aは Bの3倍より2枚多く、CはBの2倍より8枚少なくなりました。Cが持っているメダルは何枚ですか。

〈　計算用紙　〉

1 次の問いに答えなさい。

(1) 次の計算をしなさい。

① $(23-15)\times18-8\times11$

② $3\frac{1}{2}\times\frac{10}{21}+\frac{1}{2}-\frac{1}{2}\div\frac{3}{5}$

③ $1.5\times1\frac{1}{12}-0.6\times2\frac{1}{12}+0.125$

(2) 次の□にあてはまる数を答えなさい。

① □に3を足してから15倍すると70になりました。

② □kgのお米を15人が$\frac{3}{20}$kgずつ食べたので、残りが750gになりました。

③ 480円の品物を3割引の□円で売りました。

④ 2, 0, 2, 4の4つの数字を並べて4けたの数を作ると、全部で□通りの数ができます。ただし、0224のように0は千の位に並べることはできません。

受　験　番　号

令和６年度

金光八尾中学校　　学力検査問題

算　　数

（50分）

（問題は１ページから10ページまで）

問五　次の一文は、本文中の[A]~[C]のどこに入れるのが適当ですか。記号で答えなさい。

そして、発酵することによって熟鮓には豊富にビタミン類が存在することになる。

問六　空らん[1]にあてはまることばとして最も適当なものを、次のア~エより一つ選び、記号で答えなさい。

ア　抑制　イ　保存　ウ　融合　エ　生成

問七　空らん[2]にあてはまる内容を、[Ⅱ]の本文中より二十七字でぬき出し、最初と最後の五字で答えなさい。

問八　空らん[3]にあてはまる内容を、二十五字以内で答えなさい。

問九　次のア~ウについて、本文の内容と合っているものには〇、合っていないものには×を、それぞれつけなさい。

ア　味噌はそのまま食べると美味しくないが、料理の味付けとしては素晴らしい効果を発揮する。

イ　生のイワシを味噌に漬けて一三日後に測定すると、まったく酸化していないことがわかった。

ウ　乳酸菌によって乳酸発酵を行う熟鮓は、一六〇〇年代の初めに上方で生まれたものである。

【二】次の文章を読んで、あとの問いに答えなさい。（特に指示がない場合、句読点も字数にふくみます）

昇太《しょうた》が起きてきた。厚子《あつこ》がトイレに行かせ、息子と並んで歯を磨《みが》いた。昨日までは自分がそうしていた。

出来上がった朝食をテーブルに並べた。まったく自信はないが、白い御飯《ごはん》があるのだからいざとなったら納豆と生卵で食べればいいと開き直ることにした。

親子三人での朝食が始まった。厚子は最初に味噌汁《みそしる》に口をつけると、「うん、おいしい」と微笑《ほほえ》んで言った。「昇太、おいしいよね」続けて息子に聞く。

「おいしい」昇太が、アンパンマンふりかけをかけた御飯を頬張《ほおば》りながら言った。

裕輔は①妻のやさしさに感謝した。初めて作った味噌汁は、全然おいしくなかったのだ。きっと、だしの素の量も味噌の入れ方もでたらめだ。おまけにアジの干物は焼き過ぎだった。それでいて皮に香ばしい焦《こ》げ目がないのだから、料理は［　A　］である。

食べながら、だんだんへこんでいった。自分の供した料理がおいしくないというのは、身の置き場がない。世の女たちは、自分の料理に審判《しんぱん》が下されることに、どうやって耐《た》えているのだろう。

朝食を終えると、厚子は鏡台に向かって念入りに化粧《けしょう》を始めた。OL復帰ともなれば、ささっと済ませるわけにはいかないようだ。

裕輔《ゆうすけ》は、幼稚園《ようちえん》に行く昇太のa身支度をした。肩掛《かたか》け鞄《かばん》にハンカチやマグカップを詰《つ》め込《こ》んでやる。そのとき②血の気がひいた。しまった。息子の弁当を作り忘れた――。膝《ひざ》が震《ふる》えた。自分でも驚《おどろ》くほどうろたえた。

どうしようかと妻に相談すると、厚子は「あとで届ければいいじゃん」と実に冷静な※サジェスチョンを与《あた》えてくれた。そうか。あわてて損をした。

先に厚子が家を出た。「いってらっしゃーい」玄関《げんかん》で息子と二人で見送った。

「ママ、どこ行くの?」昇太が指をくわえて聞く。「会社だよ」裕輔が答えた。

「パパの代わりに?」

「そう。パパの会社は倒産《とうさん》しました」

「トウサンって?」

「ずうっと夏休み」

「ふうん」不思議そうに父親を見上げていた。

八時半になり、息子の手を引いて幼稚園に向かった。同じ町内にあるので五分とかからない。途中《とちゅう》、パン屋のおばさんから声をかけられた。

「あら、ショウちゃん。今日はパパと一緒《いっしょ》でいいわねえ」
「あのね、パパの会社トウサンしたの」
「③あらそう」
ちゃんと聞いていなかったのだろう。目を細めてうなずいていた。
幼稚園でも、先生から同じ言葉を言われた。
「パパの会社トウサンしたんだよ」
昇太が言い、周囲の大人がさっと顔色を変えた。「あら、そうなんですか、おほほ」先生が頬をひきつらせ、④しどろもどろになっている。
裕輔は案外平気だった。先生に昇太を預けると、「すいません。今日、弁当を作り忘れたので、あとで届けます」と告げ、ほかの母親たちにも如才《じょさい》なく挨拶《あいさつ》することができた。
パパの会社トウサンしたの、か。帰り道、思い出し笑いした。子供は正直でいい。これで事情を説明しなくて済むという安堵《あんど》感もあった。明日から、大手を振《ふ》って息子の送迎《そうげい》ができる。

帰ってまず弁当を作った。御飯《ごはん》を小さな弁当箱に詰《つ》め、デンブとジャコを彩《いろど》りに載《の》せた。おかずは卵焼きと、冷凍庫《れいとう》にあったミニハンバーグ。どうせ昇太は食べないだろうなと思いつつ、青物が欲しかったのでブロッコリーを一房《ひとふさ》だけ塩茹《しおゆ》でした。
なにやら達成感があった。アンパンマンのハンカチで包み、小走りに幼稚園まで届けに行った。
そのあとは掃除《そうじ》と洗濯《せんたく》をした。始めると、意外と手間だった。とくに風呂《ふろ》掃除は肉体労働で、浴槽《よくそう》をスポンジでこすったら腰《こし》が痛くなってきた。スプレーして水で流すだけで汚れが落ちるという液体洗剤《せんざい》のCMはうそだと思った。ヌルヌルは残るのだ。
洗濯は干すのが骨だった。腕《うで》が疲《つか》れるのである。バスタオルは物干し竿《ざお》の場所をとるので可愛くなかった。シーツはもっと憎《にく》らしいことだろう。物への見方が少し変わった。
テレビは興味が湧《わ》かないので、家事をこなしながらラジオを流していた。外国のポップスに合わせ、鼻歌を唄《うた》う。そういえば昨日会社が潰《つぶ》れたんだと、はたと気づく始末だった。ということは、自分は失業中ということになるのだが……。

いいや、こうして働いているぞ。家事は立派な労働だ。鼻息荒《あら》く自答した。
一人なので遠慮《えんりょ》なくオナラをした。妻も昨日まではここでオナラをしていたはずだ。そう思ったら笑えた。厚子のやつめ。
昼食は冷麦を茹でて食べた。分量がわからず二百グラム茹でたら、凄《すご》いことになってしまった。気合で胃袋《いぶくろ》に流し込んだ。
厚子からメールがあり、夜は歓迎《かんげい》会で遅《おそ》くなるとのことだった。よかった。家族的な職場のようだ。
となると晩御飯は昇太と二人きりである。献立《こんだて》は何にすればいいのだろう。息子にリクエストを聞くにしても、こちらのレパートリーは極めて乏《とぼ》しい。
カレーにするか。安上がりだし。残っても冷凍にすればいいし。だいいち作り方が簡単だ。サイドメニューにスープとサラダを作って……。
そうだ、昇太を迎えに行く前に料理の本を買いに行こう。裕輔は思わず［B］を打っていた。先は長いのだ。上達だってしたい。
なにやら⑤ウキウキする感じがあった。家にいるのはいい。普段なら得意先回りをしている時間なのだ。
リビングで寝転《ね》がり、大の字になった。

三日もすると、家事をする日常にすっかり慣れた。まだ手際が悪かったり、うまくいかなかったりはするのだが、家事にいそしむ自分に違和《いわ》感がないのである。苦にもならなかった。むしろ楽しんでいるほどだ。
とりわけ闘志《とうし》を燃やしたのは昇太の弁当作りだった。子供は気遣《つか》いをしない生き物なので、おいしくないと一口かじっただけで残す。案の定、初日のブロッコリーは小さな歯の跡《あと》がついていただけだった。ところが二日目、同じブロッコリーにマヨネーズをかけてやると、その部分だけかじっていた。作り手としては、⑥「おおー」という感じだった。今日はマヨネーズを全体に薄《うす》く塗《ぬ》り、オーブンで表面をグリルしてやった。吉《きち》と出るか、凶《きょう》と出るか、息子の帰りが待ち遠しいところである。
もうひとつ、味噌汁のおいしくない理由がわかった。b灰汁を取っていなかったのだ。料理本を読んで知り、「ありゃりゃ」と顔をゆがめた。で、今朝は灰汁取り味噌汁を作った。厚子の様子をうかがうと、⑦「ほほう」という顔で飲んでいた。

（奥田英朗《おくだひでお》『ここが青山《せいざん》』による）

※サジェスチョン —— それとなく示すこと。ほのめかすこと。

問一　二重ぼう線部ａ・ｂの漢字の読み方として正しいものを、それぞれあとのア〜エから選び、記号で答えなさい。

ａ　身支度　（ア　しんしど　　イ　みじたく　　ウ　みしたび　　エ　みしど　）

ｂ　灰汁　（ア　はいしる　　イ　はいじる　　ウ　あく　　エ　かいじゅう　）

問二　ぼう線部①「妻のやさしさに感謝した」とありますが、それはなぜですか。その理由として最も適当なものを、次のア〜オより一つ選び、記号で答えなさい。

ア　昨日まで自分がしていた子どもの用意を、ご飯を作る自分の代わりにしてくれたから。

イ　出勤前のいそがしい時間にもかかわらず、朝食を笑顔で楽しそうに食べてくれたから。

ウ　おいしくない料理を作ってしまった自分を、傷つけないようにふるまってくれたから。

エ　子どもが味噌汁に注目しないよう、キャラクターをあしらったふりかけをかけたから。

オ　大好物の焼き魚さえも失敗してしまったことに、腹を立てる様子が全くなかったから。

問三　空らん［　Ａ　］にあてはまることばを、次のア〜オより一つ選び、記号で答えなさい。

ア　セキュリティー　　イ　リアリティー　　ウ　デリバリー　　エ　ミステリー　　オ　バリアフリー

問四　ぼう線部②「血の気が引いた」とありますが、本文の中でこれと同じような状態をあらわした表現を、九字でぬきだして答えなさい。

問五　ぼう線部③「あらそう」とありますが、この時の「パン屋のおばさん」の気持ちを説明した次の文の空らんを三十五字以内でうめて、答えを完成させなさい。

まさか大変な状況《じょうきょう》にあるとは知らず、［　　　　］。

問六　ぼう線部④「しどろもどろになっている」とありますが、それはどのような様子をあらわしていますか。最も適当なものを、次のア〜オより一つ選び、記号で答えなさい。

ア　大変なことを聞かされて、慌てる様子。　　イ　残念な事実を受け止めて、悲しむ様子。

ウ　知らなければ良かったと後悔する様子。　　エ　今後のことを考えて、不安になる様子。

オ　期待が裏切られたことに落ち込む様子。

問七　空らん［ B ］にあてはまる一字のことばを漢字で答えなさい。

問八　ぼう線部⑤「ウキウキ」とは異なる種類の表現を、次のア〜オのぼう線部より一つ選び、記号で答えなさい。

ア　隣の部屋がうるさくてイライラした。　　イ　この薬を塗ると肌がツヤツヤになる。

ウ　休日に、街をブラブラと歩いていた。　　エ　入学式の日をワクワクしながら待つ。

オ　男性は味噌汁をズルズルとすすった。

問九　ぼう線部⑥『おおー』という感じ」とありますが、その気持ちをあらわすことばとして最も適当なものを、次のア〜オより一つ選び、記号で答えなさい。

ア　泰然《たいぜん》自若　　イ　感慨《かんがい》無量　　ウ　千載一遇《せんざいいちぐう》　　エ　抱腹絶倒《ほうふくぜっとう》　　オ　面目躍如《めんもくやくじょ》

問十　ぼう線部⑦『ほほう』という顔で飲んでいた」とありますが、この時の「厚子」の気持ちを三十五字以内で答えなさい。

受　験　番　号

令和５年度

金光八尾中学校　　学力検査問題

国　語

（50分）

（問題は１ページから11ページまで）

2023(R5) 金光八尾中
K 教英出版

【一】次のⅠ・Ⅱ・Ⅲの文章を読んで、あとの問いに答えなさい。なお、Ⅲは、生徒三人（金光さん・八尾《やお》さん・高安さん）がⅠとⅡの文章（大場秀章《おおばひであき》『はじめての植物学―植物たちの生き残り戦略―』より）を読んで、感想を述べているところです。（特に指示がない場合、句読点も字数にふくみます）

Ⅰ

深紅の大きなダリアの花、怠《なま》けて枯《か》らした植木鉢《うえきばち》の草花、林下を埋《う》め尽《つ》くしたシダの群落。

いずれも五〇年以上も前のことだが、忘れられない。それどころか、私が植物の研究をするきっかけになったように思う。

最初の思い出は四歳《よんさい》のはずで、手に大きなダリアの花をもって丘《おか》の上で夕日に向かって立っているものだ。次のは小学生のころのもので、不注意で枯らした植木鉢の草花、そして最後のものは中学生になり遠足で行った三浦《みうら》半島の神武寺《じんむじ》境内の樹林下で目にしたシダの大群落である。

ダリアの花を手にした姿は後の想像のaサンブツにちがいないが、太平洋戦争で疎開《そかい》した先でのことだ。私たち一家はこの時初めて菜園をつくり、野菜や花を栽培《さいばい》した。深紅の当時としては抜群《ばつぐん》に大きいダリアは子供心にも印象に残る花だったのだろう。

疎開先から戻《もど》った私たちは二度と野菜や花を露地《ろじ》でつくることはなかったが、近所には鉢物の草花を育てている家がたくさんあった。私は東京の下町で育った。今から五〇年以上も前の下町は、狭《せま》い路地をはさんで、塀《へい》も垣根《かきね》もない家が並んでいた。家の前の路地には丹精《たんせい》をこめて育てられた数々の鉢植えの植物があった。草だちや花の色、葉のかたちのちがいは興味深かったが、植物の名前を覚えるのは苦手だった。

私も近所の人をまねて、植木鉢に植えられた草花を買ってもらった。その頃《ころ》の東京は今よりは寒かった。朝には霜柱《しもばしら》が立ち、水たまりや外に出しっ放しのバケツや桶《おけ》には氷が張っていたものである。見ようみまねで草花を育てたはいいが、その中には①冬は室内に移してやらなければ枯れてしまうものもあることを知らなかった。さらに翌年には水やりを忘れて、せっかく生き残った植物もすべて枯らしてしまった。

この失態は思い出すと今でも植物に謝りたい気持ちになる。だが一方でそれはそれまで植物にはほとんど興味のなかった私に植物への関心を開いてくれたように思う。

最後のシダ群落との出会いは、三浦半島へ遠足で出かけた時のものだ。私の植物への興味を決定的なものにしたのである。林下を被《おお》って自然に生える、シダが中心の群落のbコウケイは美しかった。（　X　）その時はそれが何というシダなのか知りもしなかった。この遠足に同行された理科の先生がそれらを採集し学校に持ち帰った。私は標本になったシダを植物図鑑《ずかん》で調べるのを傍観《ぼうかん》していたが、やがて自分でも調べてみたくなり積極的に名前調べに参加し、やがて友達と植物採集に出かけ、植物図鑑と首っぴき[※1]で採ってきた植物の名前を調べることに熱中した。

東京は当時も大都会だったが、電車に小一時間も乗れば、私にとって知らない植物がたくさん生えた樹林や草地が方々にあった。こうして休日は大半を植物採集に費やしたが、まったく飽《あ》きることはなかった。

ところで、植木鉢に植えた植物でさえ枯らさずに育てていくのにはコツがいる。枯らす心配を最小限にするコツは、適切な温度下で育てることと、水と肥料を十分にやることで、これは多くの人が知っている。水と肥料（栄養分）は植物が成長していくのに欠かせない資源であり、適切な温度は植物の暮しの維持《いじ》に欠かせない環境《かんきょう》だからである。

植物は私たちにとってたいへん身近な存在である。町のほうぼうに植えられた木、花壇《かだん》の草花、山の森や林、それに野菜や果物として食べている植物もある。

都市は別として日本は国全体が緑、（　Y　）植物に被《おお》われている。温度も植物の生育に適切で、水も不足せず、土にも栄養分が含《ふく》まれているとわかる。

しかし、②地球全体でみると、温度も水も栄養分にも不足する地域も多いのである。私の枯らした植木鉢の草花が証すように、温度、水、栄養分のうちひとつでも欠ければ植物は育たないのだ。温度と水だけをみても、北極と南極周辺の極地、砂漠《さばく》は温度か水、高山の一部はその両方が欠乏《けつぼう》し、植物の生育に向かないはずである。

では、そういう地域は植物がまったくないかというと、氷に被われた極地を別とすれば実際はそうでもない。最初は驚きもしたが、私が訪ねた砂漠や高山にもけっこう［　A　］な植物が生育していたのだ。その理由は簡単にいえば、不足する水や温度を植物の体内に蓄え利用しているからなのだ。そもそも植物のからだそのものが水や温度の不足に耐《た》えるようなつくりをしていることが多い。

砂漠に生える代表的な植物であるサボテンは、いったん手に入れた水をできるだけ逃《のが》すことなく体内に貯えている。あの膨《ふく》らんだからだは水を貯える「水ガメ」の役割をしている。水ガメをもったおかげで深刻な水不足にも耐えられると考えられるのだ。

※1　首っぴき　…　あるものと向き合って、それから離れずに物事を行うこと。

Ⅱ

植物のからだはほとんど水からできている。このことは植物に限らず動物にも共通する。水は生きもののからだをつくるうえでも欠かせないがそれだけではない。動物の一員である私たちにとっても、生活のため日々必要とする生理活動では、多くの必要物質が水に溶《と》けた状態でからだのすみずみに運ばれていくし、老廃物《ろうはいぶつ》も水とともに体外に排出《はいしゅつ》される。水が欠乏すれば、たちどころにからだのあちこちで生理作用がcシショウをきたしてしまうのだ。

水が生きていくうえで不可欠な物質であることは人間を含めあらゆる生きものにあてはまる。毎日大量の水を飲んだり、水分を大量に含んだ食物を通して、私たちも水分の補給にdツトめている。

だが、③植物にとって、水が必要不可欠な重要な物質であるのは円滑《えんかつ》な生理活性を維持するだけのためではないのだ。水は、後で詳《くわ》しく述べる、光合成による炭水化物の生産にも欠かせない必須《ひっす》物質のひとつなのである。光合成は、大気中の二酸化炭素（炭酸ガス）と水の化合によって、あらゆる生きもののエネルギー源となる炭水化物を生産するしくみである。炭水化物の生産では、水は必要不可欠な原料のひとつであり、植物に水はこの点でも欠くことのできない重要性をもつ物質なのである。まさに水あっての植物なのだ。

水は〇度で凍《こお》り、一〇〇度で沸騰《ふっとう》する。固体、液体、気体という三つの様態を、身近にしかも日常的に目にすることができる、とてもめずらしい物質なのだ。水は温度の変化に対応して、比重も変化する。また液体の水が凍って固体になると体積が増加もする。北極や南極付近の海洋に浮かぶ氷山の頭の部分が海上から飛び出ているのは、凍ると体積が増える水の物理現象を如実《にょじつ》に示している。

この体積あるいは比重の変化が植物の暮しに及《およ》ぼす影響はきわめて大きい。影響が大きく及ぶ原因は、植物のからだをつくる細胞がその周囲を細胞壁《さいぼうへき》という緻密《ちみつ》※2で可塑性の乏しい構造物で囲まれており、動物の細胞と異なり柔軟性《じゅうなんせい》がほとんどないことにある。そのため細胞の内部にある水が凍ってしまうと、細胞壁は細胞内部の体積の増加に耐えられず細胞自身も破壊されてしまうのだ。

氷が融けて液体の水に戻《もど》っても、壊れた細胞はもう二度と活性は回復することなく死滅してしまう。eココロみにコマツナのような葉ものの野菜を冷凍庫にまる一日入れてみるとよい。細胞の破壊した野菜は二度と水気が戻ることなく、しなびた状態のままになる。

気温が氷点下になる地域に生きる植物は、細胞の凍結を防ぐ何かしらの工夫なしには生きていくことはできないのだ。

量的には水とは較《くら》べものにならないくらい少ないのだが、タンパク質も、生物の一員である植物にとって、欠くことのできない重要な物質である。タンパク質は水とは異なり、ある温度を境に変性といってその物理的・化学的性質が変わってしまい、植物が必要とする機能を失ってしまう。なかでも固まってしまう凝固は致命的な変化であり、多くのタンパク質では六〇度くらいから凝固がはじまる。凝固点を超える高温環境も特殊《とくしゅ》なしかけなしには生存が許されない環境なのである。

上記のことから、水の氷点とタンパク質の凝固点の間の温度環境だけが植物の生存を許容する温度範囲《はんい》であることがわかる。もちろん様々な工夫によって氷点下になっても生存を続けることができる生物もある。一〇〇度を超す温泉水の中で生きるイオウバクテリアなどもいるが、これらは例外的なものである。ほとんどの植物・生物はこの生存が許容される範囲の低温側か高温側、あるいは中間の温度帯を生活に最適な温度環境として、生計を立てるべくかたちや生理機能を適合させている。

植物の存否は水と温度に大きく左右されるという構図の根源はここにあるということができよう。

※2 可塑性《かそせい》 … 固体に外から力をかけて変形させ、力を取り去っても元に戻らない性質。

Ⅲ

金光さん：Ⅰ と Ⅱ の文章は、植物の生育に必要なものについて書かれているね。

八尾さん：Ⅰ の文章は、筆者が植物の研究をするきっかけなどがよくわかるように書かれているね。自分でもたくさん調べたから、植物の生育条件がよくわかったんだね。

高安さん：Ⅱ の文章では、植物の生存が許容される温度範囲や理由がくわしく書かれているよ。

八尾さん：どうして植物は［　1　］の温度環境でしか生存できないの？

金光さん：それはね、一つは細胞内の水が凍ると細胞自身も死滅してしまうから、もう一つは、タンパク質は［　2　］からだね。

高安さん：身近な植物の話題でも、まだまだ知らないことがたくさんあるなあ。よーし、今日は早速、近所の公園に植物を見に行こう！

問一　二重ぼう線部ａ～ｅのカタカナを漢字に直しなさい。

問二　空らん（　Ｘ　）・（　Ｙ　）にあてはまることばを、次のア～エより一つずつ選び、記号で答えなさい。

ア　すなわち　　イ　あるいは　　ウ　もし　　エ　しかし

問三　ぼう線部①「冬は室内に移してやらなければ枯れてしまうものもある」とありますが、それはなぜですか。Ｉの本文中より二十五字でぬき出して答えなさい。

問四　ぼう線部②「地球全体でみると、温度も水も栄養分にも不足する地域も多い」とありますが、このような地域で植物が育つのはなぜだと考えられますか。最も適当なものを、次のア～エより二つ選び、記号で答えなさい。

ア　たとえ氷に被われた土地であっても、植物の根は暖かい地中に生えているから。

イ　水と肥料を全く与えていなくても、植物は勝手に育っていくことができるから。

ウ　植物の中には、不足する水や温度を体内に蓄えて利用するものもあるから。

エ　植物のからだが、水や温度の不足に耐えることができるつくりの場合もあるから。

問五　空らん　Ａ　にあてはまることばとして最も適当なものを、次のア～エより一つ選び、記号で答えなさい。

ア　一挙両得　　イ　多種多様　　ウ　枝葉末節　　エ　千変万化

問六　ぼう線部③「植物にとって、水が必要不可欠な重要な物質である」とありますが、それはどのようなことからわかりますか。四十字以内で答えなさい。

2023(R5) 金光八尾中
K 教英出版

〈　計算用紙　〉

5 円周率を3.14として，次の問いに答えなさい。

（1） 下の図は，直角二等辺三角形の点Aが辺BCに重なるように折り曲げた図です。角ア，イの大きさをそれぞれ求めなさい。

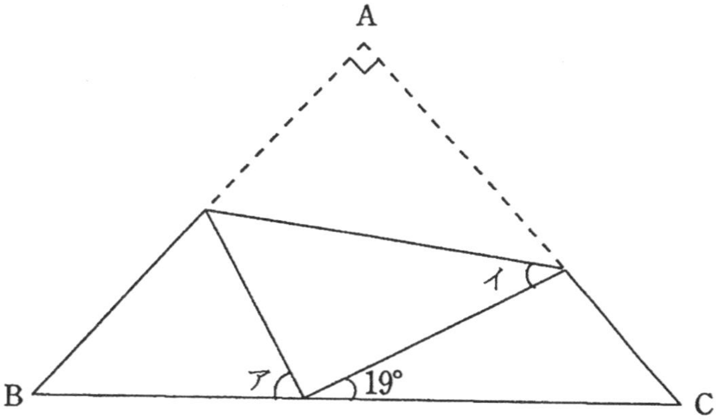

（2） 下の図は，正方形とおうぎ形を組み合わせた図です。太線部分の周りの長さを求めなさい。

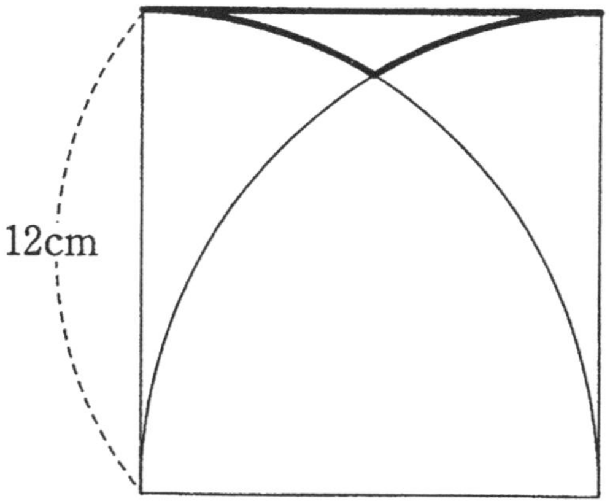

(3) 下の図は，正方形と円を組み合わせた図です。斜線部分の面積を求めなさい。

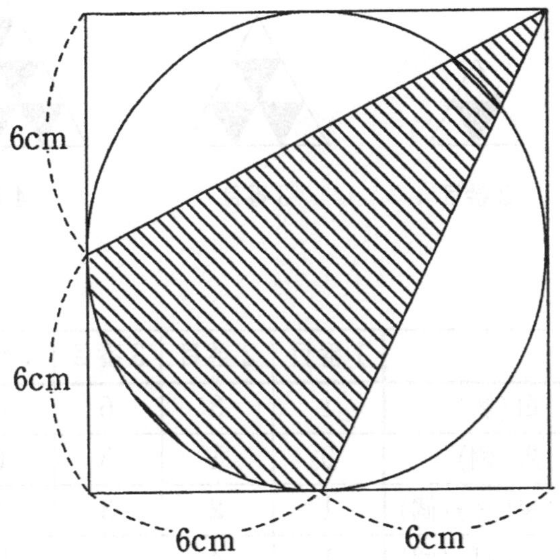

6 下の図のように，白と黒の三角形で作られた図形が規則的に並んでいます。また，表は三角形の個数についてまとめたものです。次の問いに答えなさい。

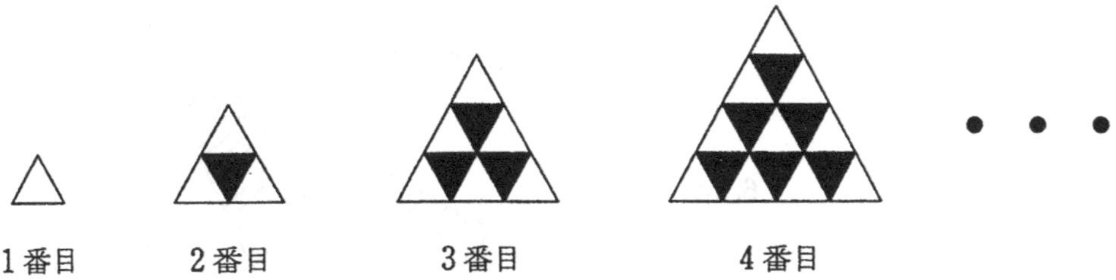

	1番目	2番目	3番目	4番目	5番目	…
白(個)	1	3	6	10	ア	…
黒(個)	0	1	3	6	イ	…
白と黒の差(個)	1	2	3	4	ウ	…
白と黒の和(個)	1	4	9	16	エ	…

(1) 表の中のア～エにあてはまる数をそれぞれ答えなさい。

(2) 8番目の図形について，白と黒の差は何個か答えなさい。

(3) 10番目の図形について，白と黒の和は何個か答えなさい。

(4) 16番目の図形について，黒は何個か答えなさい。

〈　計算用紙　〉

【6】次の1～5の(　　　)内に，日本語の意味になるようにア～オの語句を並べかえて入れなさい。そして，(　①　)と(　②　)にくるものを，それぞれア～オの記号で答えなさい。ただし，文頭に来る語も小文字で示してあります。

1　アキ、お風呂の時間ですよ。
(ア Aki, / イ bath / ウ it's / エ time / オ your).
(　　　)(　①　)(　　　)(　②　)(　　　).

2　私には音楽部にたくさんの友だちがいます。
I (ア a lot / イ friends / ウ have / エ in / オ of) the music club.
I (　　　)(　①　)(　　　)(　　　)(　②　).

3　あのテニス選手は日本出身です。
(ア from / イ is / ウ that / エ player / オ tennis) Japan.
(　①　)(　　　)(　　　)(　　　)(　②　).

4　私はよく放課後にテニスをします。
(ア after / イ play / ウ tennis / エ I / オ often) school.
(　　　)(　①　)(　　　)(　②　)(　　　) school.

5　トムと久美は毎週末に電話で話します。
Tom and Kumi (ア every / イ on / ウ talk / エ the phone / オ weekend).
(　　　)(　①　)(　　　)(　②　)(　　　).

【５】次の１～４の日本語の意味になるように，例題にならって，【前】のア～ウから１つ，【中】のア～ウから１つ，【後】のア～ウから１つそれぞれ選んで英文を完成させなさい。*解答用紙には記号ではなく英文で答えること。*

例題：彼はサッカーをするのが上手だ。

【前】	【中】	【後】
ア　I	ア　are	ア　a good soccer player.
イ　He	イ　is	イ　good soccer players.
ウ　You	ウ　am	ウ　a well soccer player.

正解：He is a good soccer player.

1　彼女のおばさんは音楽の先生ですか。

【前】	【中】	【後】
ア　Is	ア his aunt	ア a pianist?
イ　Am	イ her aunt	イ a musician?
ウ　Are	ウ her uncle	ウ a music teacher?

2　あなたは何のスポーツが観たいですか。

【前】	【中】	【後】
ア　What sports	ア　can you like	ア　to buy?
イ　How sports	イ　do you like	イ　to stop?
ウ　How many sports	ウ　did you like	ウ　to watch?

3　１２月は１年の中で１２番目の月です。

【前】	【中】	【後】
ア　December	ア　is	ア　the twelfth month of the year.
イ　November	イ　am	イ　the third month of the year.
ウ　March	ウ　are	ウ　the second month of the year.

4　昨日、友達と浜辺に行きました。

【前】	【中】	【後】
ア　I go to	ア　the beach	ア　with my friend.
イ　I want to	イ　the bench	イ　to my friend.
ウ　I went to	ウ　the bookstore	ウ　by my friend.

2023(R5) 金光八尾中
教英出版

【4】地しんが起こると，速く伝わる小さなゆれと，おそく伝わる大きなゆれが同時に発生します。それらのゆれは，あらゆる方向にそれぞれ一定の速さで伝わります。ある地点Aで地しんが起こりました。A地点から135kmはなれたB地点では，午前9時10分56秒に小さなゆれがはじまり，その18秒後に大きなゆれが起こりました。また，A地点から120kmはなれたC地点では午前9時10分53秒に小さなゆれがはじまり，その何秒後かに大きなゆれが起こりました。次の（1）から（7）の問いに答えなさい。

（1） 地しんによるゆれの大きさを何といいますか。

（2） この地しんの速く伝わる小さなゆれの速さについて，次の文の①から③にあてはまる数値を答えなさい。

- B地点とC地点の，A地点からの長さの差は（①）kmです。
- また，小さなゆれが伝わった時間には，（②）秒の差があります。
- そこで，小さなゆれの速さは，秒速（③）kmだとわかります。

（3） 地しんが起こったのは，午前何時何分何秒ですか。

（4） この地しんのおそく伝わる大きなゆれの速さは秒速何kmですか。

（5） C地点に大きなゆれが起こったのは，C地点で小さなゆれがはじまってから何秒後ですか。

（6） D地点では，小さなゆれがはじまってから，大きなゆれが起こるまで32秒かかりました。D地点は，A地点から何kmはなれていますか。

（7） 火山のふん火，地しん，こう水，つ波，土砂災害などの予想される自然災害で，災害が発生したときのひ害の程度やはん囲などの予測，ひなん場所，ひなん経路などを地図上に表したものを何といいますか。カタカナで答えなさい。

（4） 実験1の試験管CとDの結果からわかることは何ですか。次のアからエより1つ選び，記号で答えなさい。

ア．だ液のはたらきによって，でんぷんがなくなった。

イ．水の温度が高いときや低いときには，だ液ははたらかない。

ウ．だ液のはたらきによって，糖ができた。

エ．だ液のはたらきによって，でんぷんができた。

（5） 実験1の試験管AとCとEの結果からわかることは何ですか。次のアからエより1つ選び，記号で答えなさい。

ア．温度が高いほど，だ液はよくはたらく。

イ．だ液は5℃と90℃のときにだけはたらき，35℃のときにははたらかない。

ウ．でんぷんは，だ液によって分解されて糖になる。

エ．だ液は，体温に近い温度のときははたらくが，それよりも低い温度や高い温度のときにははたらかない。

（6） （1）のはたらきをしているだ液にふくまれる成分について，実験2の結果から考えられることは何ですか。次のアからエより1つ選び，記号で答えなさい

ア．5℃ではこわれ，90℃でもこわれる。

イ．5℃ではこわれ，90℃ではこわれない。

ウ．5℃ではこわれず，90℃ではこわれる。

エ．5℃ではこわれず，90℃でもこわれない。

【３】だ液のはたらきを調べるために，次のような実験１と実験２を行いました。次の（１）から（６）の問いに答えなさい。

〔実験１〕

６本の試験管AからFにでんぷん溶《よう》液を同量ずつ入れました。次に，AとCとEには，うすめただ液を入れ，BとDとFには，AとCとEに入れただ液と同じ量の水を入れました。そして，図のように，AとBは5℃，CとDは35℃，EとFは90℃に保った水の中へ入れました。30分後，AからＦの溶液を少量ずつ別の試験管に取り出し，ヨウ素液をそれぞれ加えたところ，AとBとDとEとFは溶液の色が変化し，Cは変化しませんでした。

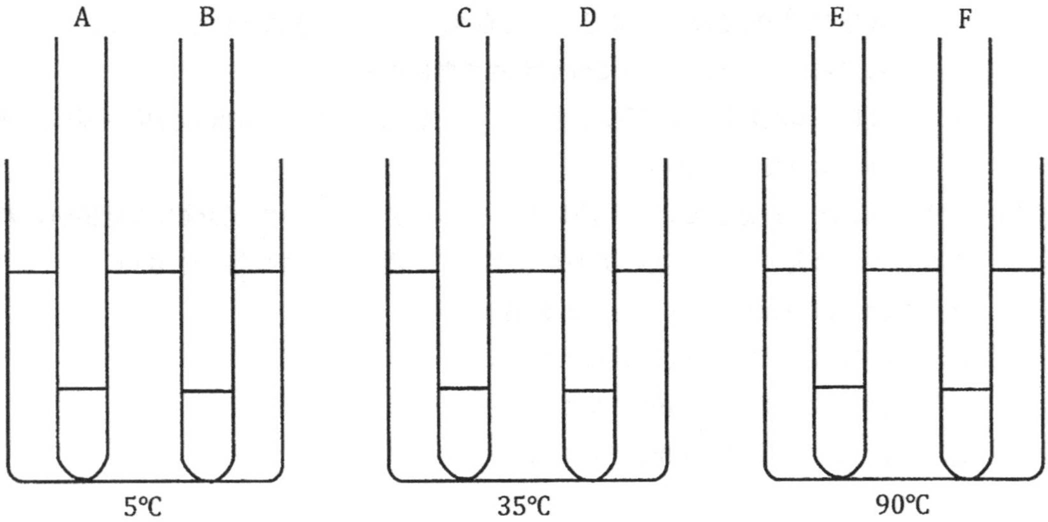

〔実験２〕

実験１が終わった後の試験管AとBとEとFを35℃の湯の中に移しました。さらに，30分後，ヨウ素液を加えると，BとEとFは溶液の色が変化し，Aは変化しませんでした。

（１）　この実験で用いただ液のように，食べ物を細かくしたり，からだに吸収されやすいものに変えたりするはたらきをする液を何といいますか。

（２）　だ液を加えていない試験管BとDとFを用意したのはなぜですか。適当なものを，次のアからエより１つ選び，記号で答えなさい。

ア．水を入れることにより，でんぷん溶液をうすめるため。

イ．ヨウ素液による色の変化が，だ液のはたらきによることをわかるようにするため。

ウ．でんぷん溶液の温度を下げるため。

エ．ヨウ素液による色の変化を見やすくするため。

（３）　実験１の下線部で，溶液の色は何色に変化しましたか。

40

問九

ア

イ

ウ

小計

【二】

問一

a

b

c

d

e

問二

問三

問四

問五

問六

20

問七

問八

問九

45

問十

問３　年表中の③について，平治の乱に関して説明したＸ・Ｙの文について，両方とも正しければ（ア），Ｘが正しくＹが間違っていれば（イ），Ｘが間違いでＹが正しければ（ウ），両方とも間違っていれば（エ）と答えなさい。

Ｘ．この戦いに勝利した平清盛は，執権となり権力を握《にぎ》った。
Ｙ．源頼朝は戦いに敗れ，その子，義経は伊豆《いず》に流された。

問４　年表中の④の【　　　　】に入る城の名前を答えなさい。

問５　年表中の⑤について，これ以後，貿易を許されたヨーロッパの国は１か国だけとなりました。その国として正しいものを，（ア）～（エ）より１つ選び，記号で答えなさい。

（ア）フランス　　（イ）イギリス　　（ウ）スペイン　　（エ）オランダ

問６　年表中の⑥について，明治政府が行った改革の内容として間違っているものを，（ア）～（エ）より１つ選び，記号で答えなさい。

（ア）廃藩置県《はいはんちけん》　－　藩を廃止して県を置き，知事を県民の選挙で決める。
（イ）版籍奉還《はんせきほうかん》　－　大名が納めていた領地と領民を天皇に返させる。
（ウ）徴兵《ちょうへい》制　－　原則として，20才以上の男子すべてに兵役の義務を定める。
（エ）地租《ちそ》改正　－　土地の価格を基準に，決まった額の税を納めさせる。

問７　年表中の⑦について，第一次世界大戦についての説明として正しいものを，（ア）～（エ）より１つ選び，記号で答えなさい。

（ア）日本は同盟を組んでいたドイツの陣営《じんえい》につき，この戦争に参加した。
（イ）戦争期間中，ヨーロッパやアジアへの輸出が増え，日本は好景気となった。
（ウ）日本海海戦に勝利した日本はポーツマス条約を結び，戦争は終わった。
（エ）講和条約の結果，日本は台湾《たいわん》やリヤオトン半島を領土とすることとなった。

問８　年表中の⑧について，この６年後，日本と中華人民共和国の経済・文化の発展のために新たな条約を結びました。この条約を何といいますか。その条約の名前を漢字で答えなさい。

問９　年表中のＡの期間に，中国や朝鮮から日本に移ってきて，仏教をはじめとする新しい文化や技術を伝えたとされる人たちを何といいますか。その呼び名を答えなさい。

問10　年表中のＢの期間に次のような命令を出した人物は誰《だれ》ですか。その名前を答えなさい。

> 仏教をますますさかんにし，人々を救うために大仏をつくる決心をした。国中の銅を使って大仏をつくり，大きな山をくずして大仏殿《だいぶつでん》を建てる。…（中略）…私は天下の富と力を独占《どくせん》している。この富と力で大仏をつくるのである。

問11　年表中のＣの期間に，鎌倉幕府と室町幕府が開かれます。室町幕府に関係するものの組み合わせとして正しいものを，（ア）～（エ）より１つ選び，記号で答えなさい。

（ａ）守護は任命された国を自分の領地のように支配し，大名と呼ばれた。
（ｂ）地頭は任命された土地で年貢《ねんぐ》の取り立てや犯罪の取りしまりにあたった。
（ｃ）大陸から二度にわたって攻《せ》められたが，幕府は追い返した。
（ｄ）中国と国交を開き，幕府みずから貿易を行った。

（ア）ａとｃ　　（イ）ａとｄ　　（ウ）ｂとｃ　　（エ）ｂとｄ

問12　年表中のＤの期間に行われた政策を年代順に並びかえたとき，正しい順番を，（ア）～（カ）より１つ選び，記号で答えなさい。

（ａ）日本人が海外へ渡航《とこう》することと，海外から帰国することを禁止した。
（ｂ）田畑の面積を調べ，収穫量を石高であらわす検地をはじめて行った。
（ｃ）大名が守らなければならないきまりを武家諸法度としてはじめて定めた。

（ア）ａ→ｂ→ｃ　　（イ）ａ→ｃ→ｂ　　（ウ）ｂ→ａ→ｃ
（エ）ｂ→ｃ→ａ　　（オ）ｃ→ａ→ｂ　　（カ）ｃ→ｂ→ａ

問13　年表中のＥの期間，百姓や町人の子どもたちが読み，書き，そろばんなど日常生活や商品の取引に必要なことを学んだ塾《じゅく》を何といいますか。その名前を漢字で答えなさい。

問14　年表中のＦの期間中の社会の様子についての説明として間違っているものを，（ア）～（エ）より１つ選び，記号で答えなさい。

（ア）ききんが起こると農村では百姓一揆《いっき》，都市では打ちこわしが起こった。
（イ）小学校の制度が整うと通学する子どもが増え，９割を超《こ》えるようになった。
（ウ）軽工業がさかんになり，生糸の輸出額は世界１位になった。
（エ）産業発展のかげで，足尾《あしお》銅山のような公害が起こるようになった。

問15　年表中のGの期間に活躍《かつやく》した人物と，その説明の組み合わせとして正しいものを，（ア）～（エ）より１つ選び，記号で答えなさい。

(ア) 伊藤博文　－　自由民権運動の中心人物として国会開設や憲法制定に関わった。
(イ) 大久保利通　－　政府の中心人物として五か条の御誓文《ごせいもん》の作成に関わった。
(ウ) 杉原千畝《ちうね》　－　外交官としてユダヤ人のためにビザを発行し，多くの人命を救った。
(エ) 平塚らいてう　－　全国水平社を設立し，差別をなくす運動を活発に行った。

〔　問題は次のページに続く　〕

3　次の文を読んで，後の問いに答えなさい。

①私たちの住む社会では，人々の間でさまざまな争いや犯罪が起こっています。②憲法や法律にもとづいてそれらを解決したり，罪のあるなしを決めたりするのが③裁判所です。裁判所には，東京に設置され，最終的な判断を下す【　A　】のほかに，高等裁判所・地方裁判所・簡易裁判所・家庭裁判所があります。もし，裁判の判決に納得《なっとく》できないときは，その判決を下した裁判所よりも上級の裁判所にうったえて３回まで裁判を受けることができます。このしくみを【　B　】といいます。この他に裁判所は，国会が決めた法律や，④内閣が行う政治が憲法に違反《いはん》していないかについても判断します。

私たちが住む社会で，地域における独自のきまりをつくっているのが⑤地方公共団体です。地方公共団体は，それぞれの地域の問題を解決し，地域に住む人々を支える大切な役割があります。

問１　文中の【　A　】・【　B　】に入る語句を答えなさい。ただし，【　A　】に入る語句は漢字で答えなさい。

問２　下線部①について，現在私たちが住む社会には解決がむずかしいさまざまな問題が発生しています。こうした問題や，解決に向けた取り組みとして間違っているものを，（ア）～（エ）より１つ選び，記号で答えなさい。

（ア）国際連合は，持続可能な社会を実現するために，世界から貧困をなくすこと，人と国の不平等を減らすことなどの17の目標の達成を目指している。

（イ）ユニセフ（国連児童基金）は，戦争や自然災害のために，学校に通うことができなくなったり，栄養不足となった子どもを守るための活動をしている。

（ウ）日本では急速に少子化が進んでいるので，政府や自治体は，子育てが行いやすくなるように，保育園を増やすなどの取り組みを行っている。

（エ）東日本大震災《しんさい》での地震や津波などの被害から速やかに復興するために，国土交通省という役所が設けられた。

問３　下線部②について，日本国憲法に関して説明したX・Yの文について，両方とも正しければ（ア），Xが正しくYが間違っていれば（イ），Xが間違いでYが正しければ（ウ），両方とも間違っていれば（エ）と答えなさい。

X．国民主権の原則のもとで，天皇は「日本国の象徴《しょうちょう》」と定められ，天皇は国の政治についての権限は持たないとされている。

Y．平和主義の原則のもとで，日本は戦争を放棄《ほうき》し，戦力を持たないと定められたので，自衛隊の海外派遣《はけん》は一度も行われたことがない。

問４　下線部②について，憲法改正の手続きにおいて，国会が憲法改正の発議《はつぎ》を行った後，国民に対して賛成か反対かを問うために行うものを何といいますか。漢字４文字で答えなさい。

問５　下線部③について，裁判所の裁判官に関して説明したＸ・Ｙの文について，両方とも正しければ（ア），Ｘが正しくＹが間違っていれば（イ），Ｘが間違いでＹが正しければ（ウ），両方とも間違っていれば（エ）と答えなさい。

Ｘ．すべての裁判官は国民によって直接選挙で選ばれる。
Ｙ．国会は裁判官をやめさせるかどうかの裁判を行うことができる。

問６　下線部④について，内閣のはたらきやしくみの説明として正しいものを，（ア）～（エ）より１つ選び，記号で答えなさい。

（ア）内閣のもとには，さまざまな府・省・庁などが置かれ，仕事を分担している。
（イ）内閣の最高責任者である内閣総理大臣は天皇から指名される。
（ウ）内閣では，公聴会《こうちょうかい》と呼ばれる会議を開き，国の政治の進め方を話し合う。
（エ）法律，条約の公布や国会の召集《しょうしゅう》は，内閣総理大臣が行う。

問７　下線部⑤について，地方公共団体が行っている仕事として間違っているものを，（ア）～（エ）より１つ選び，記号で答えなさい。

（ア）ゴミを収集する。　　　（イ）外国と条約を結ぶ。
（ウ）道路や橋を整備する。　（エ）条例を制定する。

〔　問題は以上　〕

令和５年度　金光八尾中学校　学力検査問題　　算数　　解答用紙

受験番号	

得点合計
※100点満点 （配点非公表）

1	(1)		(2)		(3)		(4)		(5)		小計

2	(1)		(2)		(3)		(4)		(5)		小計

3	(1)	円	(2)	cm^3	(3)	点	小計

令和5年度　金光八尾中学校　学力検査問題　英語　解答用紙

受験番号

合計

※50点満点
（配点非公表）

【1】

1

2

3

4

小計

【2】

1

2

3

4

小計

【3】

1　2　3　4

小計

受　験　番　号

令和５年度　金光八尾中学校　学力検査問題　理科　解答用紙

合計
※50点満点 （配点非公表）

【１】

（１）		（２）		（３）	
（４）		（５）		（６）	
（７）		（８）			

小計

【２】

（１）		（２）		（３）			
（４）		（５）	二酸化炭素		水蒸気		
（６）							

小計

【解答用

令和５年度　金光八尾中学校　学力検査問題　社会

解　答　用　紙

受　験　番　号

合　　計
※50点満点 （配点非公表）

1

問１		問２		問３	山脈
問４		問５		問６	
問７	市	問８	病	問９	
問10		問11		問12	
問13		問14		問15	

小　　計

問 1		問 2		問 3	
問 4	城	問 5		問 6	
問 7		問 8	条約	問 9	
問10		問11		問12	
問13		問14		問15	

小　　計

3

問 1	【A】		【B】		
問 2		問 3		問 4	
問 5		問 6		問 7	

小　　計

【3】

(1)		(2)		(3)	
(4)		(5)		(6)	

小計

【4】

(1)		(2)	①		②		③	
(3)	午前　時　分　秒					(4)	秒速　km	
(5)	秒後	(6)	km			(7)		

小計

【5】

1

2

3

4

小　計

【6】

1

①	②

2

①	②

3

①	②

4

①	②

5

①	②

小　計

4

(1)		(2)	毎分 cm^3	(3)		(4)	分

小計

5

(1)	ア 度	イ 度	(2)	太線の長さ cm	(3)	面積 cm^2

小計

6

(1)	ア		イ		ウ		エ	
(2)	個	(3)	個	(4)	個			

小計

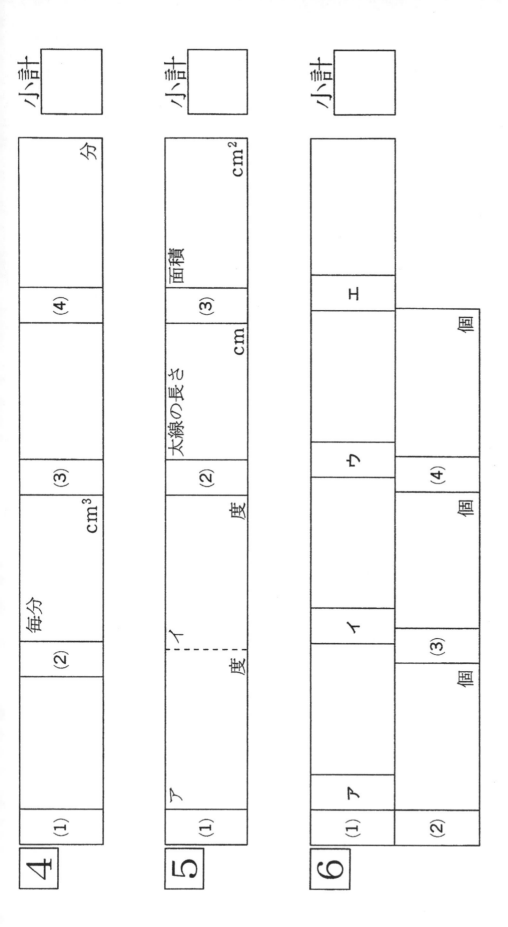

令和5年度　金光八尾中学校　学力検査問題　国語　解答用紙

受験番号

得点
※100点満点（配点非公表）

小計

【一】

問一　a　b　c　d　e

問二　X　Y

問三　25

問四

問五

問六　40

問七　16

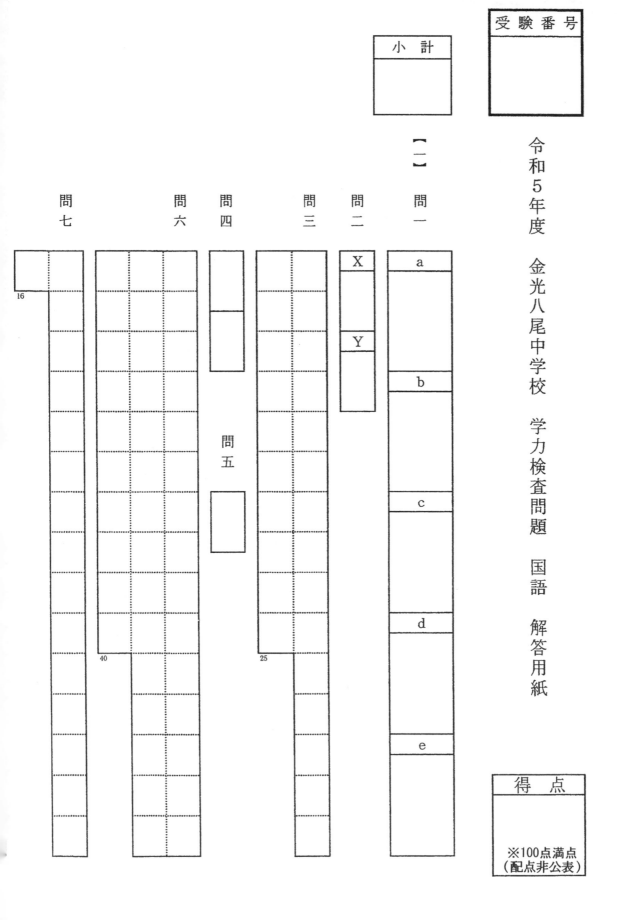

1 次の〔地図Ⅰ〕～〔地図Ⅱ〕をみて，後の問いに答えなさい。

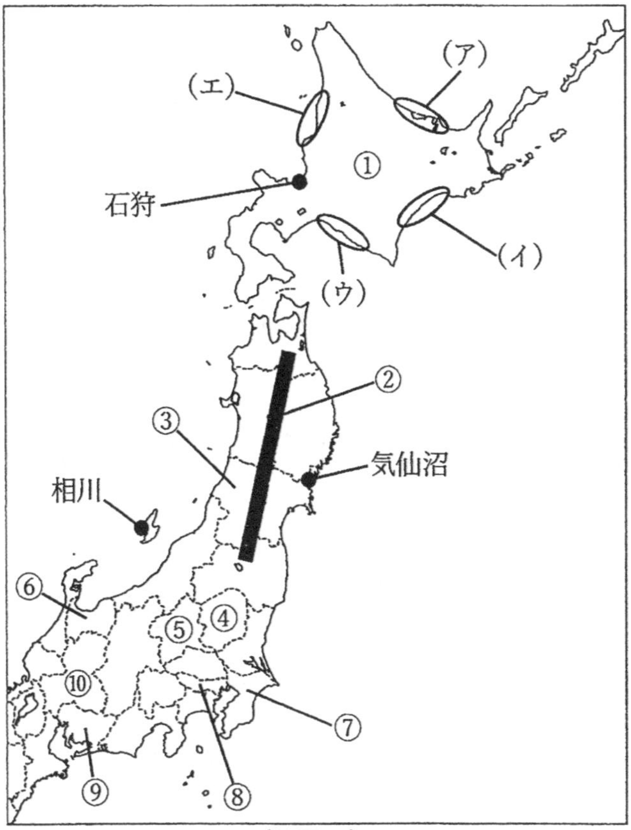

〔地図Ⅰ〕

問１　〔地図Ⅰ〕中の①の北海道で行われている，観光についての取り組みに関して説明したX・Yの文について，両方とも正しければ（ア），Xが正しくYが間違《まちが》っていれば（イ），Xが間違いでYが正しければ（ウ），両方とも間違っていれば（エ）と答えなさい。

X．札幌《さっぽろ》市では，雪を利用したイベントである雪まつりが行われている。
Y．サンゴ礁《しょう》やラベンダー畑などの自然を利用したエコツアーが行われている。

問２　〔地図Ⅰ〕中の①の北海道では，冬に流氷が観測できる地域があります。その地域として正しいものを，〔地図Ⅰ〕中の（ア）～（エ）より１つ選び，記号で答えなさい。

問３　〔地図Ⅰ〕中の②の ━━━ で示した山脈を何といいますか。その名前を答えなさい。

問４　下の図は〔地図Ⅰ〕中の石狩《いしかり》，気仙沼《けせんぬま》，相川《あいかわ》の気温と降水《こうすい》量のグラフです。グラフと都市名の組み合わせとして正しいものを，（ア）～（カ）より１つ選び，記号で答えなさい。

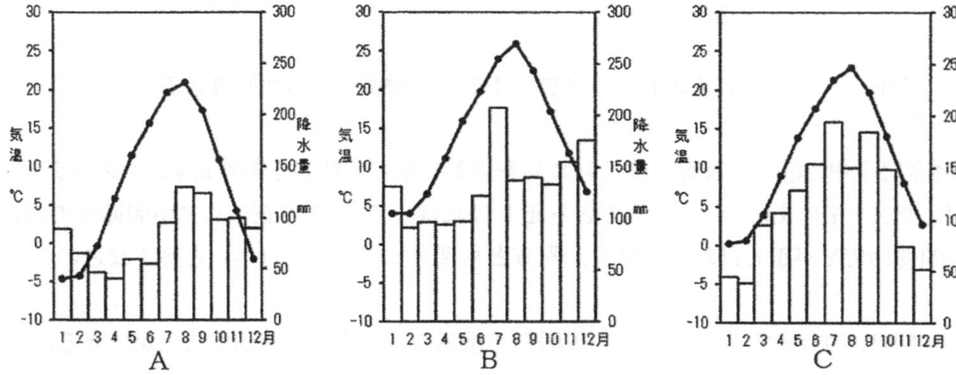

気象庁「過去の気象データ」より作成。統計値は 1991～2020 年の平年値。

（ア）A－石狩　B－気仙沼　C－相川　　（イ）A－石狩　B－相川　C－気仙沼
（ウ）A－気仙沼　B－石狩　C－相川　　（エ）A－気仙沼　B－相川　C－石狩
（オ）A－相川　B－石狩　C－気仙沼　　（カ）A－相川　B－気仙沼　C－石狩

問５　〔地図Ⅰ〕中の③の県は米づくりが盛んな地域です。日本の米づくりに関する説明として間違っているものを，（ア）～（エ）より１つ選び，記号で答えなさい。

（ア）国による生産調整が見直され，産地ごとの生産量が自由に決められるようになった。
（イ）農作業の機械化が進んだことによって，昔と比べ年間耕作時間は減少している。
（ウ）せまい農地で収穫《しゅうかく》量を増やすため，人工肥料の一種であるたい肥を使用している。
（エ）品種改良によって，冷害に強く，味の良い品種が栽培《さいばい》されるようなった。

問６　〔地図Ⅰ〕中の④の県は海に面していない県で，海なし県や内陸県とも呼ばれています。この県以外の海なし県として正しいものを，（ア）～（エ）より１つ選び，記号で答えなさい。

（ア）兵庫県　　（イ）富山県　　（ウ）神奈川県　　（エ）奈良県

問７　〔地図Ⅰ〕中の⑤の県の県庁所在地名を答えなさい。

問８　〔地図Ⅰ〕中の⑥の県にある神通川《じんづうがわ》流域では，鉱山《こうざん》から川に流れたカドミウムを原因とする公害病が問題となりました。その公害病を何といいますか。その名前を答えなさい。

問９　〔地図Ｉ〕中の⑦の県にある成田国際空港では，旅客機以外にも貨物用の航空機も発着しています。航空機で輸送されている貨物として正しいものを，（ア）～（エ）より１つ選び，記号で答えなさい。

（ア）石油　　（イ）セメント　　（ウ）ＩＣ・医療《いりょう》品　　（エ）鉄鉱石

問10　〔地図Ｉ〕中の⑧の東京都にはテレビ局や新聞社などが数多くあります。マスメディアに関して説明したＸ・Ｙの文について，両方とも正しければ（ア），Ｘが正しくＹが間違っていれば（イ），Ｘが間違いでＹが正しければ（ウ），両方とも間違っていれば（エ）と答えなさい。

Ｘ．新聞は，文字や写真でくわしく説明した情報を，何度も読み返すことができる。また，知りたい情報を自分で検索《けんさく》していつでもすぐに知ることができる。

Ｙ．マスメディアのあやまった情報発信によって，くらしや仕事などに深刻《しんこく》な損害《そんがい》をうけることを報道被害《ひがい》という。

問11　〔地図Ｉ〕中の⑨の県は，中京工業地帯の中心で工業製品の輸出が盛んです。日本の工業製品の輸出について説明した次の文の【　　　　】に入る語句を漢字２文字で答えなさい。

> 日本は石油や鉄鉱石などの資源を，外国から多く輸入しています。そしてその資源を用いて工業製品を製造し，輸出する【　　　　】貿易を行っています。

問12　〔地図Ｉ〕中の⑩の県には木《き》曽《そ》三川《さんせん》とよばれる川があります。木曽三川として間違っているものを，（ア）～（エ）より１つ選び，記号で答えなさい。

（ア）揖斐《いび》川　　（イ）木曽川　　（ウ）長良《ながら》川　　（エ）信濃《しなの》川

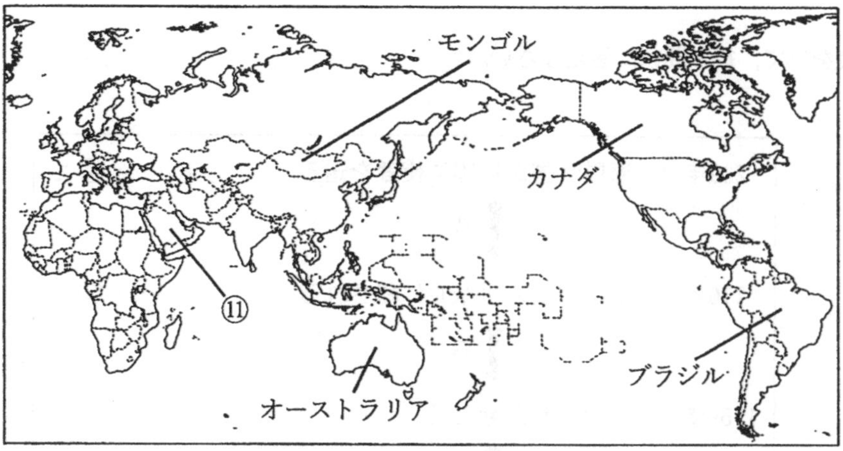

〔地図Ⅱ〕

問13　〔地図Ⅱ〕中で示した４つの国のうち，国土の位置を「南緯」と「西経」で表すことができる国として正しいものを，（ア）～（エ）より１つ選び，記号で答えなさい。

（ア）ブラジル　　（イ）モンゴル　　（ウ）オーストラリア　　（エ）カナダ

問14　〔地図Ⅱ〕中の⑪の国の国民のほとんどはある宗教を信仰していて，１日に５回メッカの方角に向かっておいのりをします。その宗教を何といいますか。その名前を答えなさい。

問15　次の表は日本の各国に対する輸出総額と輸入総額を示したものです。この表について説明したX・Yの文について，両方とも正しければ（ア），Xが正しくYが間違っていれば（イ），Xが間違いでYが正しければ（ウ），両方とも間違っていれば（エ）と答えなさい。

	輸出総額（億円）		輸入総額（億円）	
	2000年	2022年	2000年	2022年
大韓民国	33087.5	40686.9	22047.0	24579.5
中華人民共和国	32744.4	106924.3	59413.5	135945.6
アメリカ合衆国	153558.6	98084.9	77788.6	63991.3
ブラジル	2718.3	3283.4	3230.0	7055.9

財務省「貿易統計」より作成。

X．輸出総額と輸入総額の合計をみると，2000年はアメリカ合衆国が一番多いが，2022年では中華人民共和国が一番多くなっている。

Y．2000年，2022年ともに，アジアの２か国に対しては輸出総額の方が多く，その他の２か国に対しては輸入総額の方が多くなっている。

2　次の年表をみて，後の問いに答えなさい。

239年	邪馬台国が中国に使者を送る	…… ①	
	↕		A
710年	都が奈良の平城京に移される	…… ②	
	↕		B
1159年	平治の乱が起こる	…… ③	
	↕		C
1576年	織田信長が【　　　　　】を築く	…… ④	
	↕		D
1639年	ポルトガル船の来航を禁止する	…… ⑤	
	↕		E
1868年	幕府に代わり，明治政府ができる	…… ⑥	
	↕		F
1914年	第一次世界大戦が始まる	…… ⑦	
	↕		G
1972年	中華人民共和国と国交を正常化する	…… ⑧	

問１　年表中の①について，このころ，祭りのときにかざったり鳴らしたりして使ったと考えられている道具として正しいものを，（ア）～（エ）より１つ選び，記号で答えなさい。

（ア）鉄剣《てっけん》　（イ）銅鐸《どうたく》　（ウ）はにわ　（エ）土偶《どぐう》

問２　年表中の②について，平城京に関する説明として間違っているものを，（ア）～（エ）より１つ選び，記号で答えなさい。

（ア）この都が築かれる前は，飛鳥地方の藤原京が都であった。
（イ）この都は唐の長安にならってつくられた。
（ウ）都の中央にあった東大寺から南へのびる道を朱雀大路《すざくおおじ》という。
（エ）都のあと地から出土する木簡から，当時の人々の生活をうかがうことができる。

受　験　番　号

令和５年度

金光八尾中学校　　学力検査問題

社　会

（30分）

（問題は１ページから10ページまで）

（５） メタン2.1gが燃えたときにできる二酸化炭素と水蒸気の重さは，それぞれ何gですか。次のアからオより１つずつ選び，記号で答えなさい。

ア．1.5g　イ．3.0g　ウ．4.5g　エ．6.0g　オ．7.5g

（６） メタンが燃えたとき，水蒸気が1.5gできました。このとき，空気は何g必要ですか。次のアからオより１つ選び，記号で答えなさい。

ア．1.24g　イ．12.4g　ウ．2.48g　エ．24.8g　オ．3.36g

【2】私たちの生活に欠かせない天然ガスの主な成分は「メタン」という気体です。メタンは燃える気体で，メタンを燃やすと空気中の酸素と結びついて，メタンと同じ体積の二酸化炭素と，メタンの2倍の体積の水蒸気になります。グラフは，メタンが燃えるときのメタンの体積と，そのときに必要な酸素の体積の関係を表したものです。空気は，酸素とちっ素が1:4の体積の比で混ざったものとして，次の（1）から（6）の問いに答えなさい。

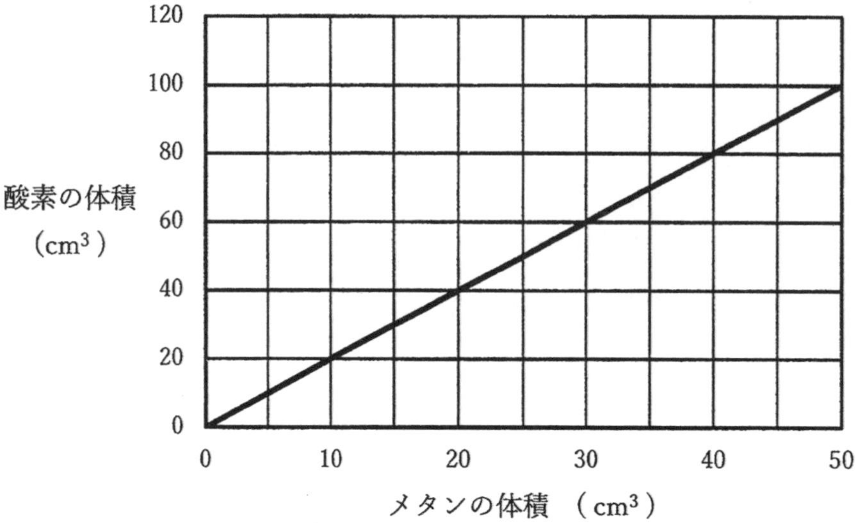

（1） メタン3000cm³が燃えるときにできる水蒸気は何cm³ですか。次のアからオより１つ選び，記号で答えなさい。

ア．2000cm³　イ．3000cm³　ウ．4000cm³　エ．5000cm³　オ．6000cm³

（2） メタンが燃えたとき，水蒸気1500cm³ができました。二酸化炭素は何cm³できますか。次のアからオより１つ選び，記号で答えなさい。

ア．250cm³　イ．500cm³　ウ．750cm³　エ．1000cm³　オ．1250cm³

（3） メタン500cm³が燃えるとき，空気は何cm³必要ですか。次のアからオより１つ選び，記号で答えなさい。

ア．1000cm³　イ．2000cm³　ウ．3000cm³　エ．4000cm³　オ．5000cm³

次の表はそれぞれの気体1000cm³あたりの重さを表しています。

気体	メタン	二酸化炭素	水蒸気	酸素	ちっ素
重さ	0.7g	2.0g	0.75g	1.4g	1.2g

（4） 空気 2000cm³の重さは何gですか。次のアからオより１つ選び，記号で答えなさい。

ア．1.24g　イ．2.48g　ウ．3.72g　エ．4.96g　オ．6.20g

【1】図のように，電源装置，同じ性質の豆電球AからD，スイッチS1とS2をつないで回路を作りました。はじめ，スイッチS1とS2は，開いています。次の（1）から（8）の問いに答えなさい。

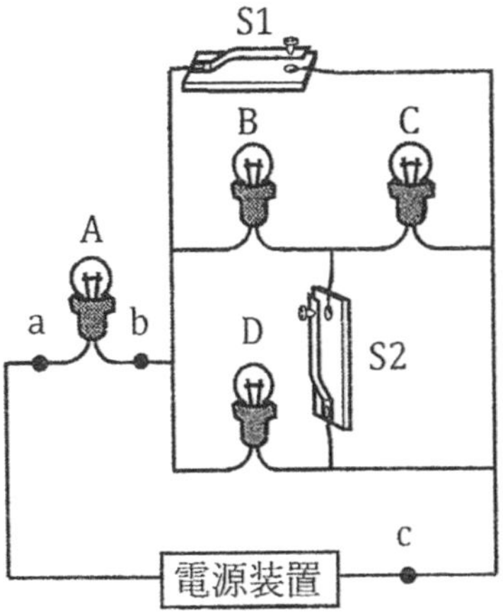

（1） 最も明るい豆電球はどれですか。AからDより選び，記号で答えなさい。

（2） 豆電球のBとCでは，どちらが明るいですか。次のアからウより1つ選び，記号で答えなさい。

ア．B　イ．C　ウ．同じ

（3） 豆電球BとDでは，どちらが明るいですか。次のアからウより1つ選び，記号で答えなさい。

ア．B　イ．D　ウ．同じ

（4） 豆電球Aに流れる電流の大きさを調べるために，電流計を1つ，つなぎました。図のa，b，cのうち，電流計をどこにつなぐとよいですか。次のアからキより1つ選び，記号で答えなさい。

ア．a，b，cのどこでもよい　イ．aまたはb　ウ．bまたはc　エ．aまたはc

オ．a　カ．b　キ．c

（5） 豆電球Dをソケットから外してから，豆電球Aに流れる電流がはじめの値になるように電源装置を操作しました。このとき，はじめと比べて豆電球Bはどうなりますか。次のアからエより1つ選び，記号で答えなさい。

ア．消える　イ．明るさに変化はない　ウ．明るくなる　エ．暗くなる

（6） はじめの状態にもどし，スイッチS1を閉じてから，豆電球Aに流れる電流がはじめの値になるように電源装置を操作しました。このとき，はじめと比べて豆電球Dはどうなりますか。次のアからエより1つ選び，記号で答えなさい。

ア．消える　イ．明るさに変化はない　ウ．明るくなる　エ．暗くなる

（7） はじめの状態にもどし，スイッチS2を閉じてから，豆電球Aに流れる電流がはじめの値になるように電源装置を操作しました。このとき，はじめと比べて豆電球Dはどうなりますか。次のアからエより1つ選び，記号で答えなさい。

ア．消える　イ．明るさに変化はない　ウ．明るくなる　エ．暗くなる

（8） (7)のとき，はじめと比べて豆電球Bはどうなりますか。次のアからエより1つ選び，記号で答えなさい。

ア．消える　イ．明るさに変化はない　ウ．明るくなる　エ．暗くなる

受　験　番　号

令和５年度

金光八尾中学校　　学力検査問題

理　　科

(30分)

(問題は１ページから６ページまで)

【４】次の１～４の対話文の(　　　)内に入る最も適当なものを，ア～エからそれぞれ１つずつ選び，記号で答えなさい。

1　A：Can I use your dictionary?

B：(　　　)

ア Yes, I am.　　イ Yes, I can.

ウ Yes, you can.　　エ Yes, you do.

2　A：(　　　)

B：It's snowy.

ア What's this?　　イ Who are you?

ウ What time is it?　　エ How is the weather today?

3　A：What do you want to be in the future?

B：(　　　)

ア It's ten p.m.　　イ I want flowers.

ウ I want to be a doctor.　　エ It's a map.

4　A：Where is your elementary school?

B：(　　　) Turn left, and you can see it on your right.

ア Go straight.　　イ Here you are.

ウ See you later.　　エ That is my favorite place.

【３】次の１～４の英文の(　　　)内に入る最も適当なものを，ア～エからそれぞれ１つずつ選び，記号で答えなさい。

1　(　　　) is your birthday?　―　It's June nineteenth.

ア When　　イ How　　ウ Where　　エ Who

2　What do you do on Sundays?　―　I (　　　) to the park with my brother.

ア visit　　イ go　　ウ read　　エ study

3　It's sunny today.　―　Yes.　Summer is the (　　　) season of the year.

ア cold　　イ new　　ウ hot　　エ easy

4　I go (　　　) in the mall.

ア swimming　　イ shopping　　ウ fishing　　エ climbing

【１】次の４つの語を辞書にのっている順番に並べかえたとき，３番目にくる単語はどれですか。その単語を小文字に直して答えなさい。

1	DELICIOUS	CHICKEN	GARBAGE	JAPANESE
2	VACATION	YELLOW	ISLAND	KNEE
3	SCIENTIST	SUBWAY	SHOULDER	STRAIGHT
4	LUNCH	MOUSE	NINETY	MONTH

【２】次の１～４の（　　　）内にある４つの単語には，意味の上で他と種類の違うものがあります。それぞれ１つずつ選んで書きなさい。

1	（	evening	morning	night	breakfast	）
2	（	body	eye	life	head	）
3	（	station	airplane	train	car	）
4	（	cloudy	many	rainy	snowy	）

受　験　番　号

令和５年度

金光八尾中学校　　学力検査問題

英　語

(30分)

(問題は１ページから５ページまで)

1 次の計算をしなさい。

(1) $\frac{7}{2}-1\frac{1}{3}-\frac{1}{6}$

(2) $34\times43+1595\div55$

(3) $(5.51-3.14)\times(1.67+8.33)$

(4) $14\div3\frac{1}{2}\times4\div16$

(5) $\frac{9}{10}\div\left(0.2+\frac{2}{5}\right)\div15$

2 □ にあてはまる数を答えなさい。

（1） $60 \div \square \times 8 + 2 = 50$

（2） 時速 3 km で □ 分歩くと，150 m 進みます。

（3） □ 円の商品を 25 %値上げすると，875 円になります。

（4） 2 を □ 個かけあわせると 256 になります。

（5） 15 の倍数の中で，100 にいちばん近い数は □ です。

3 次の問いに答えなさい。

(1) 兄の所持金は弟の所持金の3倍です。兄が弟に1000円あげたので，兄と弟の所持金の比は7：5となりました。はじめの兄の所持金はいくらですか。

(2) 下の図のように，1辺1cmの立方体を重ねて1辺3cmの立方体を作りました。斜線部分の立方体を反対側の面までまっすぐくりぬくとき，残る立体の体積は何cm^3ですか。

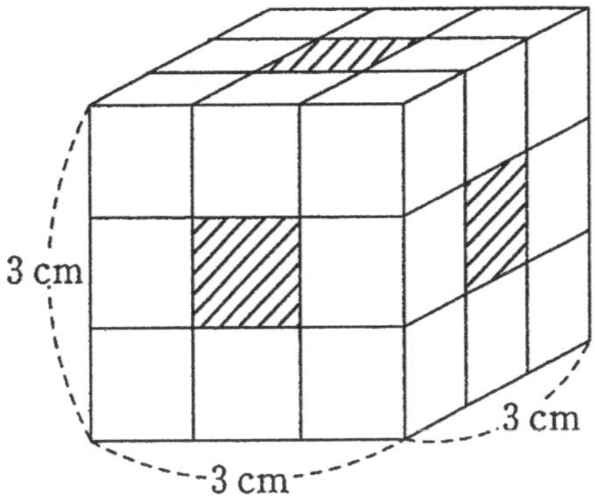

(3) たかしさんは弟とじゃんけんをしました。勝つと2点，負けると0点，あいこの場合はお互いに1点ずつもらえます。じゃんけんを20回行ったとき，たかしさんは3回負けました。また，弟の合計点は15点でした。このとき，たかしさんの合計点は何点ですか。

〈　計算用紙　〉

4 図1のように，底面に垂直な高さ 20 cm の仕切り板が入った水そうがあります。水そうの仕切り板の左側に，毎分同じ割合で水をそそぎます。図2は，水を入れ始めてからの時間と，もっとも高い水面の高さの関係を表したものです。次の問いに答えなさい。ただし，仕切り板の厚さは考えないものとします。

[図1]

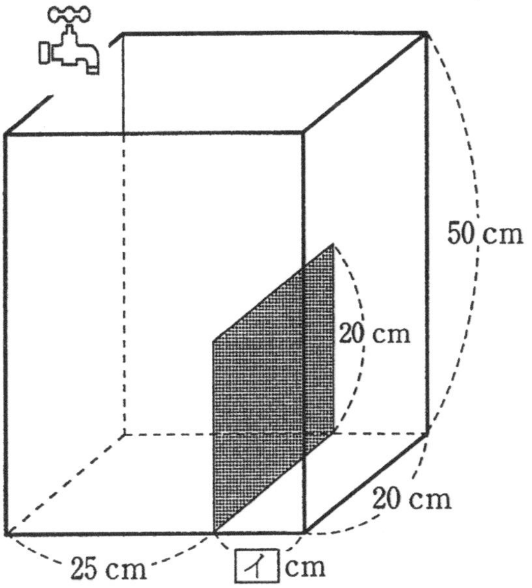

[図2]

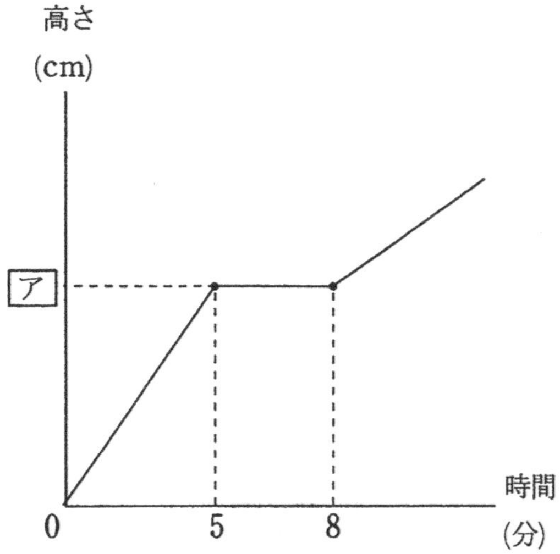

(1) 図2の ア にあてはまる数を答えなさい。

(2) 毎分何 cm^3 の水を入れているか答えなさい。

(3) 図1の イ にあてはまる数を答えなさい。

(4) 水そうは水を入れ始めてから何分でいっぱいになるか答えなさい。

受　験　番　号

令和５年度

金光八尾中学校　　学力検査問題

算　　数

(50分)

(問題は１ページから１０ページまで)

問七　空らん[1]にあてはまる内容を、[Ⅱ]の文章より十六字でぬき出して答えなさい。

問八　空らん[2]にあてはまる内容を、四十字以内で答えなさい。

問九　次のア～ウについて、本文の内容と合っているものには○、合っていないものには×を、それぞれつけなさい。

ア　シダ群落を見たことが筆者の植物への興味を決定的にし、植物を採集して名前を図鑑で調べるようになった。

イ　サボテンが砂漠のような深刻な水不足の環境でも耐えられるのは、からだに水を貯えることができるからだ。

ウ　水は温度の変化によって比重も変化する性質があり、液体の水が凍って固体になると、体積は必ず減少する。

【二】次の文章は森沢明夫《もりさわあきお》さんの小説『虹《にじ》の岬《みさき》の喫茶店《きっさてん》』の一場面です。「私」は四歳《さい》になる娘《むすめ》の「希美《のぞみ》」と「虹をさがす冒険《ぼうけん》」に出かけました。その途中《とちゅう》、岬にぽつんと立つ喫茶店へやってきました。これにつづく文章を読んで、あとの問いに答えなさい。（特に指示がない場合、句読点も字数にふくみます）

「ええと、この席で、いいですか？」

私は富士山がよく見える方のテーブルを指差した。

初老の女性がにっこり微笑《ほほえ》んで頷《うなず》いてくれたので、手前の椅子《いす》に私が座り、奥《おく》に希美を座らせた。

「何かお好きな音楽のジャンルはありますか？」

女性が笑みを浮《う》かべたまま訊《たず》ねた。年相応の皺《しわ》をa刻んだその表情は、なんとも親しみやすい魅力《みりょく》的な雰囲気《ふんいき》を醸《かも》し出している。しばらく眺《なが》めていたくなるような、そんな笑みなのだ。

「いや、音楽は、とくに……」

「じゃあ、このままスローテンポなジャズを流しておきますね」

「はい」

静かに①きびすを返した女性の背中を見送ると、私はあらためて店内を見回した。奥の壁に設《しつら》えられた木製の棚《たな》には、ＣＤとレコードがびっしり並べられている。富士山とb海原を望む出窓の上には、小さな白い花を咲《さ》かせた多肉植物の鉢《はち》や、曲げた鉄板を溶接《ようせつ》して作られた猫《ねこ》のオブジェなどが飾《かざ》られていた。飴《あめ》色に光るアンティークな木のテーブルには、小さな正方形の和紙が置いてあり、そこに丁寧《ていねい》な筆文字でメニューが書かれていた。無垢《むく》の木材を張り合わせた天井と壁と床板《ゆかいた》は、よく見れば、あちこちに隙間《すきま》があって、素人の手作りっぽさが丸出しになっていた。水色に塗《ぬ》られた木の窓枠《まどわく》にも塗りムラが目立つ。しかし、不思議なことに、そういった作り手の「粗《あら》」が、むしろこの店にはしっくりきているように思えるのだった。無機質な機械で合理的に作られた直線と直角だけの建物とは違《ちが》い、「粗」も含《ふく》めた人間の手作業によるぬくもりが店内に②ふわふわと満ちていて、妙《みょう》なくらいにc居心地がいいのだ。

「ご注文は、お決まりですか？」

初老の女性が、希美に穏《おだ》やかな微笑みを向けながら、テーブルの上に二つのお冷やを置いた。

「ええと、岬ブレンドと、林檎《りんご》ジュースをお願いします」

私がそう答えたとき——。

「あ、虹！」

目を丸くした希美が、窓の外ではなく、私の背後の壁を指差して歓声《かんせい》をあげた。

「え？」

私は釣《つ》られて後ろを振《ふ》り返った。

そして、思わずあんぐりと口を開けてしまったのだ。

「うわぁ……これは」

いい絵だなぁ、と言おうとしたのか、きれいだなぁ、と言おうとしたのか、あるいは、驚《おどろ》いたなぁ、と言おうとしたのか、自分でも分からなかった。とにかく、私たちはついに出会ったのだ。［　A　］を呑《の》むような、美しい虹と。

「パパ」

希美は、今日いちばんの笑顔を浮《う》かべていた。

「うん。ついに、見つけたな」

希美はストンと椅子《いす》から降りると、オーダーをとりにきた初老の女性の後ろをくるりと廻《まわ》って私の横に立った。そして、「ねえ」とd破顔したまま私を見上げて、こう言った。

「ハッピーのどきどき、あるよ」

私は、③きょとんとした顔の初老の女性に、目で「ちょっと、すみません」と伝えると、椅子から降りてしゃがみ込《こ》んだ。そして、希美の胸に耳を押《お》しあてた。

とくとくとく……。

小さな心臓は、まるでスキップでもしているような、軽やかな音色を奏《かな》でていた。

「希美のどきどきがパパにも伝わって、一緒《いっしょ》にハッピーになれたよ」

私は、希美のほっぺたを両手で挟《はさ》むようにして、絵本と同じ台詞《せりふ》を口にした。

すると今度は、私と希美のやりとりを見ていた初老の女性が、手にしていたトレーをテーブルに置いて、希美の傍《かたわ》らにすっとしゃがみ込んだのだ。

「ねえ希美ちゃん、おばちゃんにもハッピーのどきどき、聞かせてくれる?」

「え?」と、④間抜《ぬ》けな声を出したのは私で、希美はくるりと振り返ると「いいよ」と微笑んで、女性に向かって胸を反《そ》らすような姿勢をとったのだった。

「ありがとう」

初老の女性は、にっこり笑うと、「どれどれ？」とつぶやきながら希美の背中をそっと抱《だ》くようにして、胸に耳を押しあてた。

「まあ……、これは本当に素敵などきどきね。おばちゃんもハッピーになっちゃったわ」

初老の女性は顔をあげ、目がなくなるほどしわしわの笑顔を浮かべてから、希美の髪《かみ》の毛をそっと三回撫《な》でた。そして、そのままの笑顔をこちらに向けた。

「⑤宝物、ね」

「はい……」

私は照れ臭《くさ》くて、ちょっと⑥はにかみながら頷いた。希美はそんな私と初老の女性とを、にこにこしながら見比べていた。

それから私は、もう一度あらためて、後ろの壁に飾られた虹の絵を眺めてみた。光の粒子《りゅうし》をちりばめたような見事なオレンジに染まった夕空と海。そこに、神々《こうごう》しいような虹が架《か》かっている。虹は、空と海よりも一段と輝《かがや》いていた。額のなかの世界は、とても絵画的で、現実離《ばな》れしたような光彩《こうさい》を放っているのだが、しかし、海の向こうに描《えが》かれた半島の形や富士山の配置からすると、この店の窓の外に広がる風景をｅ写生したことは明らかだった。

「いち、にぃ、さん……」希美はその絵を見上げながら、指折り数をかぞえはじめた。「ろく、なな……はち。あれ？」

「あれれ？」

私は言いながら、思わず笑った。

「パパ……。虹、八色だよ」

「なるほど。そうか」

「絵だから、かなぁ……」

希美が首をかしげると、初老の女性が口を開いた。

「あの絵はね、本物の虹を見ながら、そっくりに描いたんだって。だから、きっと本物も八色あったんだと思うわ」

「そっかぁ。じゃあ、八色の虹って本当にあるんだね」

希美は、私と初老の女性を交互《こうご》に見上げた。

「そうらしいな。パパと希美は、⑦とくべつな虹を見られたんだ」

「私もいままで数えたことなんてなかったから、一色、得をしちゃった気分よ」

「すごいんだね、あの虹」

私たちは、なんとなく、［　B　］を三人で共有したような素敵な気持ちになって、しばらくの間、虹の絵を眺めながら互《たが》いに笑顔を向け合った。

問一　二重ぼう線部a～eの漢字の読み方をひらがなに直して書きなさい。

問二　ぼう線部①「きびすを返した」とありますが、「きびす」とは体のどの部分ですか。最も適当なものを、次のア～オより一つ選び、記号で答えなさい。

ア　頭のてっぺん　　イ　手のひら　　ウ　足のかかと　　エ　鼻の下　　オ　へそのまわり

問三　ぼう線部②「ふわふわ」とありますが、それと異なる種類の表現を、次のア～オのぼう線部より一つ選び、記号で答えなさい。

ア　彼女は常にハキハキ答えている。　　イ　つかれて道をフラフラ歩いていた。

ウ　床が歩くたびにミシミシ鳴った。　　エ　修学旅行が楽しみでワクワクする。

オ　夜空に星がキラキラ光っている。

問四　空らん［　A　］にあてはまることばを、漢字一字で答えなさい。

問五　ぼう線部③「きょとんとした顔の初老の女性」とありますが、なぜ「初老の女性」は「きょとんとした」のですか。最も適当なものを、次のア～オより一つ選び、記号で答えなさい。

ア　女の子が虹の絵に驚いているようだったから。

イ　女の子がお店でずっと笑顔のままだったから。

ウ　女の子が自分を困らせることを言ったから。

エ　女の子が全然席につこうとしなかったから。

オ　女の子が父親に不思議な行動をとったから。

問六　ぼう線部④「間抜けな声を出した」とありますが、そのときの「私」の気持ちを二十字以内で答えなさい。

問七　ぼう線部⑤「宝物」とありますが、そのことばには「初老の女性」のどのような気持ちがこめられていますか。その気持ちとしてふさわしくないものを次のア～オより一つ選び、記号で答えなさい。

ア　大切に思う気持ち　　イ　いとおしい気持ち　　ウ　いじらしい気持ち

エ　なつかしい気持ち　　オ　ありがたい気持ち

問八　ぼう線部⑥「はにかみながら」とありますが、「はにかむ」ということばを次のように言いかえたとき、空らんにあてはまることばを漢字一字で答えなさい。

□面する

問九　ぼう線部⑦「とくべつな虹を見られたんだ」とありますが、なぜ「私」はそう思ったのですか。その理由を四十五字以内で答えなさい。

問十　空らん［B］にあてはまることばとして最も適当なものを、次のア～オより一つ選び、記号で答えなさい。

ア　あっさりした事実　　イ　小さな秘密　　ウ　悩《なや》ましい問題　　エ　ほほえましい嘘《うそ》　　オ　複雑な物語

受　験　番　号

令和４年度

金光八尾中学校　学力検査問題

国　語

（50分）

（問題は１ページから 10 ページまで）

【一】次のⅠ・Ⅱ・Ⅲの文章を読んで、あとの問いに答えなさい。なお、Ⅲは、生徒三人（金光さん・八尾《やお》さん・高安さん）がⅠとⅡの文章（稲垣栄洋《いながきひでひろ》『はずれ者が進化をつくる　生き物をめぐる個性の秘密』より）を読んで、感想を述べているところです。（特に指示がない場合、句読点も字数にふくみます）

Ⅰ

皆《みな》さんは、「オナモミ」という雑草を知っていますか。

トゲトゲした実が服にくっつくので「くっつき虫」という別名もあります。子どもの頃《ころ》に、実を投げ合って遊んだ人もいるかもしれません。

オナモミの実は知っていても、この実の中を見たことのある人は少ないのではないでしょうか。

オナモミの実の中には、やや長い種子とやや短い種子の二つの種子が入っています。

二つの種子のうち、長い種子はすぐに芽を出すせっかち屋さんです。一方の短い種子は、なかなか芽を出さないのんびり屋さんです。

①オナモミの実は、性格の異なる二つの種子を持っているのです。

それでは、このせっかち屋の種子とのんびり屋の種子は、どちらがより優れているのでしょうか。

そんなこと、わかりません。

早く芽を出したほうが良いのか、遅《おそ》く芽を出したほうが良いのかは、場合によって変わります。

「[a]ゼンは急げ」というとおり、早く芽を出したほうがいい場合もあります。しかし、すぐに芽を出しても、そのときの環境《かんきょう》がオナモミの生育に適しているとは限りません。「　A　」というとおり、遅く芽を出したほうがいい場合もあります。だから、オナモミは性格の異なる二つの種子を用意しているのです。

雑草の種子の中に早く芽を出すものがあったり、なかなか芽を出さないものがあったりするのも、同じ理由です。

早いほうがよいのか、遅いほうがよいのか、[b]クラべることに何の意味もありません。オナモミにとっては、どちらもあることが大切なのです。

芽を出すことが早かったり遅かったりすることは、雑草にとっては、優劣《ゆうれつ》ではありません。雑草にとって、それは個性なのです。

しかし、早く芽を出すものがあったり、遅く芽を出すものがあったりすると、いろいろと不都合もありそうです。芽を出す時期は揃《そろ》っているほうが良いような気もします。

バラバラな個性って本当に必要なのでしょうか?

バラバラな性質のことを「遺伝的多様性」といいます。

個性とは「遺伝的多様性」のことです。多様性とは「バラバラ」なことです。

しかし、どうしてバラバラであることが良いのでしょうか。

皆さんは、学校で答えのある問題を解いています。問題には正解があり、それ以外は間違いです。

ところが自然界には、答えのないことのほうが多いのです。

（　X　）、先に紹介《しょうかい》したオナモミにcダイヒョウされるように、雑草にとっては、早く芽を出したほうがいいのか、遅く芽を出したほうがいいのか、答えはありません。

早いほうがいいときがあるかもしれませんし、じっくりと芽を出したほうがいいかもしれません。環境が変われば、どちらが良いかは変わります。どちらが良いという答えがないのですから、「どちらもある」というのが、雑草にとっては正しい答えになります。

だから、雑草はバラバラでありたがるのです。どちらが、優れているとか、どちらが劣《おと》っているという優劣はありません。むしろ、バラバラであることが強みです。

Ⅱ

「雑草が弱い」というのは、「競争に弱い」ということです。

自然界では、激しい生存競争が行われています。弱肉強食、適者生存が、自然界の厳しい掟《おきて》です。それは植物の世界もまったく同じです。

植物は光を奪《うば》い合い、競い合って上へ上へと伸《の》びていきます。そして、枝葉を広げて、※遮蔽《しゃへい》し合うのです。もし、この競争に敗れ去れば、他の植物の陰《かげ》で光を受けられずに枯《か》れてしまうことでしょう。

雑草と呼ばれる植物は、②この競争に弱いのです。

野菜畑などでは、雑草は野菜よりも競走に強いように思えるかもしれません。確かに、人間が[d]カイリョウした植物である野菜は、人間の助けなしには育つことができません。そんな野菜よりは、抜《ぬ》いても抜いても生えてくる雑草の方が競争に強いかもしれません。

しかし実際のところ、自然界に生えている野生の植物たちは、そんなに弱くはありません。雑草の競争力などとても太刀打ちできないのです。

どこにでも生えるように見える雑草ですが、じつはたくさんの植物がしのぎを削《けず》っている森の中には生えることができません。

豊かな森の環境は、植物が生存するのには適した場所です。しかし同時に、そこは激しい競争の場でもあります。そのため、競争に弱い雑草は深い森の中に生えることができないのです。

もしかすると、森の中で雑草を見たという人もいるかもしれません。おそらくそこは、手つかずの森の中ではなく、ハイキングコースやキャンプ場など、人間が森の中に作りだした環境です。そういう場所には、雑草は生えることができます。

それは、雑草がある強さを持っているからなのです。

強くなければ生きていけない自然界で、弱い植物である雑草ははびこっています。これはなぜでしょう。

強さというのは、何も競争に強いだけを指しません。

英国の生態学者であるジョン・フィリップ・グライムという人は、植物が成功するためには三つの強さがあると言いました。

一つは競争に強いということです。

植物は、光を浴びて光合成をしなければ生きていくことができません。植物の競争は、まずは光の奪い合いです。成長が早くて、大きくなる植物は、光を独占《どくせん》することができます。もし、その植物の陰になれば、十分に光を浴びることはできません。植物にとって、光の争奪《そうだつ》に勝つことは、生きていく上でとても大切なことなのです。

（　Y　）、この競争に強い植物が、必ずしも勝ち抜くとは限りません。競争に強い植物が強さを[e]ハッキできない場所もたくさんあるのです。それは、水がなかったり、寒かったりという過酷《かこく》な環境です。

この環境にじっと耐《た》えるというのが二つ目の強さです。

たとえば、サボテンは水がない砂漠《さばく》でも枯れることはありません。高い雪山に生える高山植物は、じっと氷雪に耐え忍《しの》ぶことができます。厳しい環境に負けないでじっと我慢することも、「強さ」なのです。

三つ目が変化を乗り越《こ》える力です。

さまざまなピンチが訪れても、次々にそれを乗り越えていく、これが三つ目の強さです。

じつは、雑草はこの三つ目の強さに優れていると言われています。

雑草の生える場所を思い浮《う》かべてみてください。

草取りをされたり、草刈《か》りをされたり、踏《ふ》まれてみたり、土を耕されたり。雑草が生えている場所は、人間によってさまざまな環境の変化がもたらされます。そのピンチを次々に乗り越えていく、これが雑草の強さなのです。

実際には、地球上の植物が、この三つのいずれかに分類されるということではなく、むしろ、すべての植物が、この三つの強さを持っていて、そのバランスで自らの戦略を組み立てていると考えられています。

植物にとって競争に勝つことだけが、強さの象徴《しょうちょう》ではありません。一口に「強さ」と言っても、本当にいろいろな強さがあるのです。

※ 遮蔽 … 覆《おお》いをかけたりして、人目や光線などからさえぎること。

［Ⅲ］

金光さん…［Ⅰ］と［Ⅱ］の文章は、雑草の「個性」や「強さ」について書かれているね。

八尾さん…［Ⅰ］の文章に、雑草にとっての個性は［ 1 ］で、それが強みだって書かれているけど、どういうことなのかな？

高安さん…それは、［Ⅱ］の文章を読むとわかるよ。［Ⅱ］の文章には、植物が成功するための三つの強さが書かれているね。

金光さん…一つ目は、競争に強いということ、二つ目は、［ 2 ］強さがあること、そして三つ目こそが、雑草が持っている強さのことだよ。

八尾さん…あ、［ 3 ］強さのことだね。強さって言っても、いろいろな強さがあるんだなあ。

高安さん…人間としても、いろんなことを考えさせられるね。もっともっと、雑草や植物のことが知りたくなってきたよ。

問一　二重ぼう線部a～eのカタカナを漢字に直しなさい。

問二　空らん（　X　）・（　Y　）にあてはまることばを、次のア～エより一つずつ選び、記号で答えなさい。

ア　さて　　イ　もし　　ウ　しかし　　エ　たとえば

問三　ぼう線部①「オナモミの実は、性格の異なる二つの種子を持っている」とありますが、それはなぜですか。最も適当なものを、次のア～エより一つ選び、記号で答えなさい。

ア　ゆっくりと芽を出す方が、実が成熟しやすく種子がたくさん作られるようになるから。

イ　育つときの環境によって、芽を出すのが早い方がいい場合も遅い方がいい場合もあるから。

ウ　二種類の花を咲かせることで、より多くの生き物に花粉を運んでもらえるようになるから。

エ　性格の異なる種子があれば、いろいろな種類の花が咲いて良い香りでいっぱいになるから。

問四　空らん［A］にあてはまることわざとして最も適当なものを、次のア～エより一つ選び、記号で答えなさい。

ア　先んずれば人を制す　　イ　急《せ》いては事をし損じる

ウ　雨降って地固まる　　エ　好きこそ物の上手なれ

問五　ぼう線部②「この競争に弱い」とありますが、それはどのような「競争」ですか。十五字以内で答えなさい。

問六　空らん［1］にあてはまる内容を、［I］の文章より九字でぬき出して答えなさい。

問七　空らん［2］にあてはまる内容を、十五字以内で答えなさい。

〈　計算用紙　〉

6

	1列目	2列目	3列目	4列目
4段目				20
3段目			12	18
2段目		6	10	16
1段目	2	4	8	14

・・・

上の図のように，ある規則にしたがって数を並べます。それぞれの列には，1段目から小さい順に数が並んでいます。次の問いに答えなさい。

(1) 5列目の5段目の数字を答えなさい。

(2) 7列目の3段目の数字を答えなさい。

(3) 70は何列目の何段目ですか。

(4) 10列目の10段目まで並べたとき，2段目の数の和と3段目の数の和では，どちらがどれだけ大きいですか。

〈　計算用紙　〉

5 円周率を3.14として，次の問いに答えなさい。

(1) 下の図は，半径が6cm，中心角が90°の合同なおうぎ形を2個重ねた図形です。太線の長さと，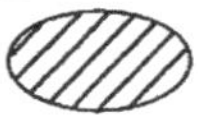部分の面積を求めなさい。

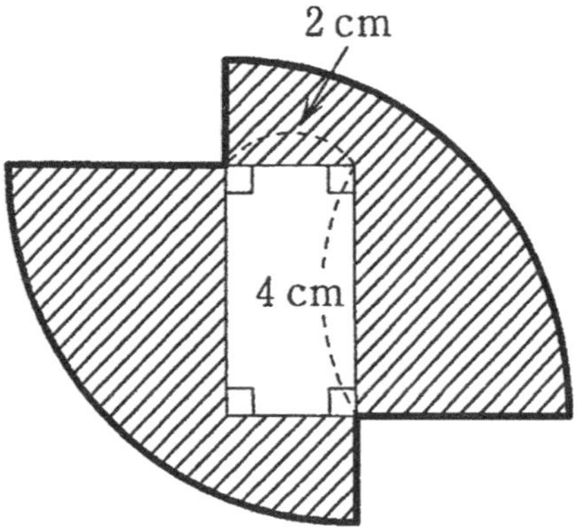

(2) 下の図のように，三角形ABCと三角形BDEがあります。同じ印をつけた角の大きさと，辺の長さはそれぞれ同じです。角アと角イの大きさを求めなさい。

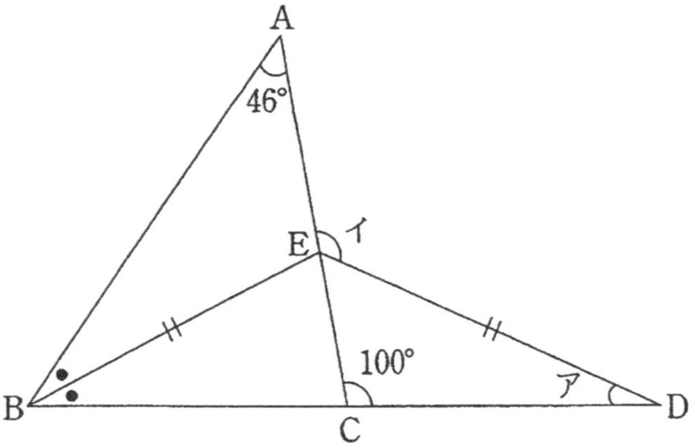

〈　計算用紙　〉

【6】次の１～５の(　　　)内に，日本語の意味になるようにア～オの語句を並べかえて入れなさい。そして，(　①　)と(　②　)にくるものを，それぞれア～オの記号で答えなさい。ただし，文頭に来る語も小文字で示してあります。

1　アメリカにはグランドキャニオンがあります。

(ア have / イ in / ウ the Grand Canyon / エ America / オ they).

(　　　)(　①　)(　　　)(　②　)(　　　).

2　私たちはときどき自分の部屋を掃除します。

(ア clean / イ our / ウ room / エ sometimes / オ we).

(　　　)(　　　)(　①　)(　　　)(　②　).

3　茨城はなっとうで有名です。

(ア famous / イ for / ウ Ibaragi / エ is / オ *natto*).

(　　　)(　①　)(　　　)(　②　)(　　　).

4　私はテレビでバスケットボールを見て楽しみました。

I (ア enjoyed / イ basketball / ウ on / エ TV / オ watching).

I (　　　)(　①　)(　　　)(　②　)(　　　).

5　あなたの好きなフルーツは何ですか。

(ア favorite / イ fruit / ウ is / エ your / オ what)?

(　　　)(　①　)(　　　)(　②　)(　　　)?

【５】次の１～４の日本語の意味になるように，例題にならって，【前】のア～ウから１つ，【中】のア～ウから１つ，【後】のア～ウから１つそれぞれ選んで英文を完成させなさい。解答用紙には記号ではなく英文で答えること。

例題：彼はサッカーをするのが上手だ。

【前】	【中】	【後】
ア　I	ア　are	ア　a good soccer player.
イ　He	イ　is	イ　good soccer players.
ウ　You	ウ　am	ウ　a well soccer player.

正解：He is a good soccer player.

1　水曜日にバドミントンをしますか。

【前】	【中】	【後】
ア　Are you	ア　play badminton	ア　on Monday?
イ　Do you	イ　do badminton	イ　on Wednesday?
ウ　Can you	ウ　get badminton	ウ　on Friday?

2　何曜日に理科の授業がありますか。

【前】	【中】	【後】
ア　What day	ア　do you have	ア　music lessons?
イ　What time	イ　do you meet	イ　science lessons?
ウ　Where	ウ　do you do	ウ　English lessons?

3　姉は去年吹奏楽部に入部しました。

【前】	【中】	【後】
ア　My aunt	ア　joined the brass band club	ア　this year.
イ　My uncle	イ　sang the brass band club	イ　last year.
ウ　My sister	ウ　played the brass band club	ウ　next year.

4　一番の思い出は運動会です。

【前】	【中】	【後】
ア　My best memory	ア　is	ア　our Christmas Day.
イ　My good memory	イ　am	イ　our Sports Day.
ウ　My sad memory	ウ　are	ウ　our Thanksgiving Day .

【4】図は，太陽のまわりを回る金星，地球，火星のようすをあらわしたものです。次の（1）から（7）の各問いに答えなさい。

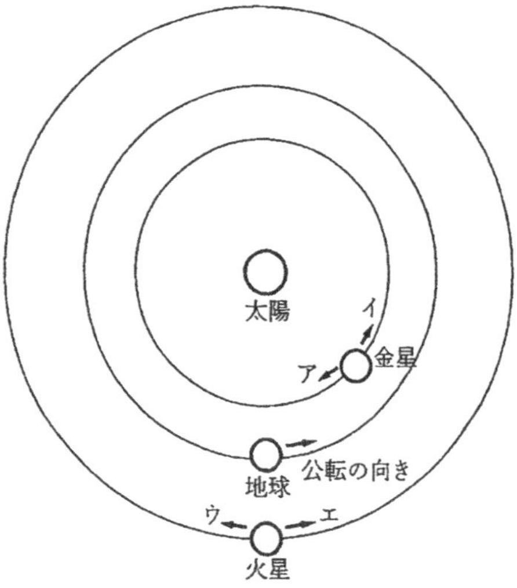

（1） 自らは光を出さず，太陽のまわりを回っている地球や金星や火星のような天体を何といいますか。

（2） 太陽のまわりを回っている天体を内側から順に並べると次のようになります。①から③に当てはまる天体の名前を漢字で答えなさい。

（①）－金星－地球－火星－（②）

－土星－（③）－海王星

（3） 地球の公転の向きは図に示した矢印の通りですが，金星の公転の向きはア，イのどちらですか。また，火星の公転の向きはウ，エのどちらですか。

（4） 金星が図の位置にあるとき，金星はいつ，どの方角に見えますか。次のアからカより1つ選び，記号で答えなさい。

ア．明け方，東の空に見える。　イ．明け方，西の空に見える。

ウ．夕方，東の空に見える。　エ．夕方，西の空に見える。

オ．真夜中，東の空に見える。　カ．真夜中，西の空に見える。

（5） （4）のときの金星はどのような形に見えますか。次のアからカより1つ選び，記号で答えなさい。

ア　イ　ウ　エ　オ　カ

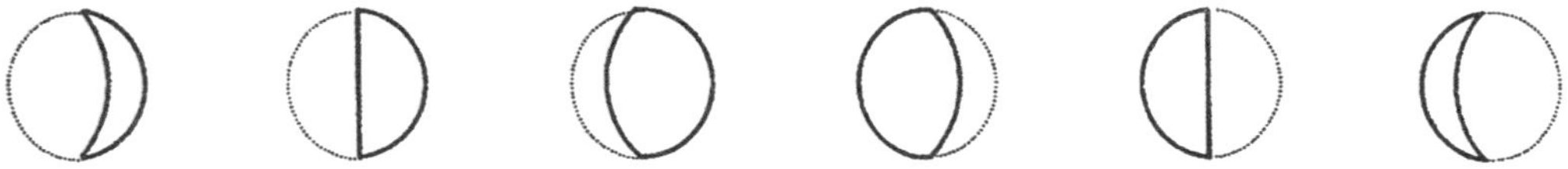

（6） 火星が図の位置にあるとき，火星はいつ見えますか。次のアからエより1つ選び，記号で答えなさい。

ア．一晩中，見える。　イ．明け方だけ見える。

ウ．夕方だけ見える。　エ．明け方と夕方だけ見える。

（7） 太陽のまわりを1周するのに，地球は３６０日，金星は２２５日かかるとします。太陽と金星と地球が，順に一直線に並んでから，再び同じ順に一直線に並ぶまでに何日かかりますか。

（4） 実験２の結果からわかる，レタスの種子の発芽に必要な条件を，次のアからクより２つ選び，記号で答えなさい。また，それらの条件が必要なことは，どの容器とどの容器の結果からわかりますか。それぞれについて，容器ＡからＤの組み合わせを答えなさい。

ア．光（明るさ）　イ．肥料　ウ．二酸化炭素　エ．水　オ．温度

カ．空気　キ．土　ク．暗さ

（5） 容器Ｂと容器Ｃの結果からわかることは，どのようなことですか。説明しなさい。

問5　下線部③について，すべての人が幸せに生きるために日本国憲法では基本的人権を「おかすことのできない永久の権利」として定められています。これは何条に定められているか，（ア）～（エ）より１つ選び，記号で答えなさい。

（ア）第１条　（イ）第９条　（ウ）第11条　（エ）第25条

問6　下線部④について，国会の主な仕事として間違っているものを，（ア）～（エ）より１つ選び，記号で答えなさい。

（ア）国民の暮らしなどにかかわる法律を公布する。
（イ）外国との間で文書によって結ばれた条約を承認する。
（ウ）国会議員の中から内閣総理大臣を指名する。
（エ）国が仕事を行うための収入と支出である予算を議決する。

問7　下線部⑤について，次の文は最高裁判所《さいこうさいばんしょ》裁判官の国民審査《しんさ》のしくみを説明したものです。文中の【　Ⅰ　】・【　Ⅱ　】に入る語句の組み合わせとして正しいものを，（ア）～（エ）より１つ選び，記号で答えなさい。

最高裁判所裁判官の国民審査は，裁判官が任命《にんめい》されて初めての【　Ⅰ　】議員選挙のときと，その後【　Ⅱ　】年以上たってからの【　Ⅰ　】議員選挙のときに投票を行い，適しているかを判断する。

（ア）Ⅰ－衆議院　Ⅱ－20　（イ）Ⅰ－衆議院　Ⅱ－10
（ウ）Ⅰ－参議院　Ⅱ－20　（エ）Ⅰ－参議院　Ⅱ－10

〔　問題は以上　〕

3　次の文を読んで，後の問いに答えなさい。

わたしたちが住んでいるまちには，①子どもから②高齢者《こうれいしゃ》まで，さまざまな人たちが暮らしています。人生の多くの時間を，家族とともに過ごしますが，家族の構成は時代が移り変わるにつれて変わってきました。また，社会全体の様子も少子・高齢化など変化してきた中，③すべての人が幸せに生きるための権利が日本国憲法《にほんこくけんぽう》に定められています。

また，日本国憲法は日本の政治のしくみについても定めており，国のしくみを三つに分け，権力が一つのところに集まることをさける政治のしくみを【　A　】といいます。このしくみの中で，④国会が決めた法律《ほうりつ》や，内閣《ないかく》がおこなう政治が憲法に違反《いはん》していないかについて判断するのが⑤裁判所です。2009 年からは，国民が裁判に参加する【　B　】が始まり，国民の意見が裁判に生かされ，関心と信頼《しんらい》が高まることが期待されています。

問１　文中の【　A　】・【　B　】に入る語句を漢字で答えなさい。

問２　下線部①について，子育てに関する説明をしたＸ・Ｙの文について，両方とも正しければ（ア），Ｘが正しくＹが間違っていれば（イ），Ｘが間違いでＹが正しければ（ウ），両方とも間違っていれば（エ）と答えなさい。

Ｘ．国家予算《よさん》の歳出《さいしゅつ》の中で，最も大きな割合を占めるのは，子育てなどの福祉《ふくし》に関連《かんれん》する社会保障費である。

Ｙ．子どもを一人の人間として認め，育てることを定めた「子どもの権利条約《じょうやく》」を日本は批准《ひじゅん》していない。

問３　下線部②について，高齢で体が不自由になったり病気になったりしたときに，国や地方自治体の支援《しえん》を受けられる制度を何といいますか。

問４　下線部②について，高齢者への対応を説明したＸ・Ｙの文について，両方とも正しければ（ア），Ｘが正しくＹが間違っていれば（イ），Ｘが間違いでＹが正しければ（ウ），両方とも間違っていれば（エ）と答えなさい。

Ｘ．バリアフリーとは年齢や障がいの有無，性別，国籍《こくせき》などに関係なく，すべての人がつかいやすくつくられた製品や生活環境のことである。

Ｙ．高齢者など，国民の健康や医療《いりょう》，福祉などに関する，専門的な仕事を担当する役所は厚生《こうせい》労働省《ろうどうしょう》である。

問14　年表中Ｆの期間中に，日本で起きた次の出来事を年代順に並《なら》べかえたとき，正しい順番を，（ア）～（カ）より１つ選び，記号で答えなさい。

(a) 関東大震災《かんとうだいしんさい》がおこる　　(b) 普通選挙法ができる　　(c) 日本が国際連盟に加盟する

（ア）a → b → c　　（イ）a → c → b　　（ウ）b → a → c
（エ）b → c → a　　（オ）c → a → b　　（カ）c → b → a

問15　年表中Ｇの期間中に，日本では警察予備隊《けいさつよびたい》がつくられました。警察予備隊がつくられるきっかけとなった戦争を何といいますか。その戦争の名前を答えなさい。

問８　年表中⑧について，同じ年に起こった出来事として正しいものを，（ア）～（エ）より１つ選び，記号で答えなさい。

（ア）国際連合に加盟《かめい》する　　（イ）日韓基本条約を結ぶ
（ウ）大阪で日本万国博覧会《ばんこくはくらんかい》が開かれる　　（エ）中国との国交が正常化する

問９　年表中Ａの期間中に，大和朝廷《やまとちょうてい》という政府ができました。大和朝廷について説明した下の文章の【　　】に当てはまる語句を漢字２文字で答えなさい。

大和《やまと》・河内《かわち》地方の豪族《ごうぞく》たちは，連合して大和朝廷という政府をつくり，その中心となった人物は，【　　】と呼ばれました。

問10　年表中Ｂの期間中に，日本で起こった出来事として間違っているものを，（ア）～（エ）より１つ選び，記号で答えなさい。

（ア）中大兄皇子《なかのおおえのおうじ》と中臣鎌足《なかとみのかまたり》が，蘇我《そが》氏をほろぼした。
（イ）中国にならった律令《りつりょう》とよばれる法律がつくられた。
（ウ）天智《てんじ》天皇が全国に国分寺《こくぶんじ》と国分尼寺《こくぶんにじ》を建てさせた。
（エ）菅原道真《すがわらのみちざね》の意見もあって，遣唐使《けんとうし》がとりやめになった。

問11　年表中Ｃの期間中に，２度にわたって元の大軍が九州北部にせめてきました。この時の幕府の執権《しっけん》は誰ですか。（ア）～（エ）より１つ選び，記号で答えなさい。

（ア）北条時宗《ほうじょうときむね》　（イ）北条政子《まさこ》　（ウ）源頼朝《みなもとのよりとも》　（エ）源義経《よしつね》

問12　年表中Ｄの期間中に，天下統一をなしとげるとともに，百姓《ひゃくしょう》への支配を固めるために，各地で検地《けんち》や刀狩《かたながり》をおこなった人物は誰ですか。その人物の名前を答えなさい。

問13　年表中Ｅの期間中に活躍した人物と，その説明として正しいものを，（ア）～（エ）より１つ選び，記号で答えなさい。

（ア）本居宣長《もとおりのりなが》　－　日本の古典の研究をし，『古事記伝《こじきでん》』を書きあげ，国学《こくがく》を発展させた。
（イ）歌川広重《うたがわひろしげ》　－　自然をたくみによみこんだ味わい深い俳句《はいく》を，数多く作った。
（ウ）大塩平八郎《おおしおへいはちろう》　－　江戸に目安箱《めやすばこ》を設けて，人々の意見を参考にしながら政治を進めた。
（エ）陸奥宗光《むつむねみつ》　－　外務《がいむ》大臣としてアメリカと交渉《こうしょう》をおこない，関税自主権《かんぜいじしゅけん》を回復させた。

問２　年表中の②について，聖徳太子がおこなったこととして間違っているものを，（ア）～（エ）より１つ選び，記号で答えなさい。

（ア）能力のある者を役人に取り立てる，冠位十二階《かんいじゅうにかい》を定めた。
（イ）政治をおこなう役人の心構《こころがま》えを示した，十七条《じゅうしちじょう》の憲法《けんぽう》を定めた。
（ウ）日本で最大の前方後円墳《ぜんぽうこうえんふん》である大仙《だいせん》古墳をつくった。
（エ）国づくりのよりどころとして仏教を重んじ，法隆寺《ほうりゅうじ》を建てた。

問３　年表中③の【　　　】には，武士として初めて太政大臣《だいじょうだいじん》になった人物名が入ります。その人物の名前を漢字で答えなさい。

問４　年表中④について，室町時代の文化に関する説明として正しいものを，（ア）～（エ）より１つ選び，記号で答えなさい。

（ア）漢字をくずしたひらがなや，漢字の一部をとったかたかながつくられた。
（イ）『枕草子《まくらのそうし》』や『ものぐさ太郎』などのおとぎ話が絵本でつくられた。
（ウ）観阿弥《かんあみ》・世阿弥《ぜあみ》親子が完成させた能が上演されるようになった。
（エ）雪舟《せっしゅう》が大和絵《やまとえ》を完成させ「天橋立図《あまのはしだてず》」などの作品を描いた。

問５　年表中⑤について，オランダとの間で行われた貿易の輸出品として正しいものを，（ア）～（エ）より１つ選び，記号で答えなさい。

（ア）銀　　（イ）生糸　　（ウ）木綿　　（エ）こしょう

問６　年表中⑥について，日露戦争を終わらせるため，日本とロシアの間で結ばれた講和《こうわ》条約を何といいますか。その条約の名前を答えなさい。

問７　年表中⑦について，第二次世界大戦中の人々の暮らしに関する説明として間違っているものを，（ア）～（エ）より１つ選び，記号で答えなさい。

（ア）さとうや米などの生活必需品《ひつじゅひん》は，切符制・配給《はいきゅう》制となった。
（イ）隣組《となりぐみ》がつくられ，住民どうしが助け合う一方で，たがいに監視《かんし》するしくみが強められた。
（ウ）「ぜいたくは敵だ」という標語《ひょうご》が生まれ，国民生活は少しずつ苦しくなった。
（エ）銀行が数多く倒産《とうさん》し，預金《よきん》をおろせなくなることを心配した人々が，銀行におしかけた。

小計

【二】

問一

a

b

c

d

e

問二

問三

問四

30

問五

問六

問七

問八

40

問九

問十

・

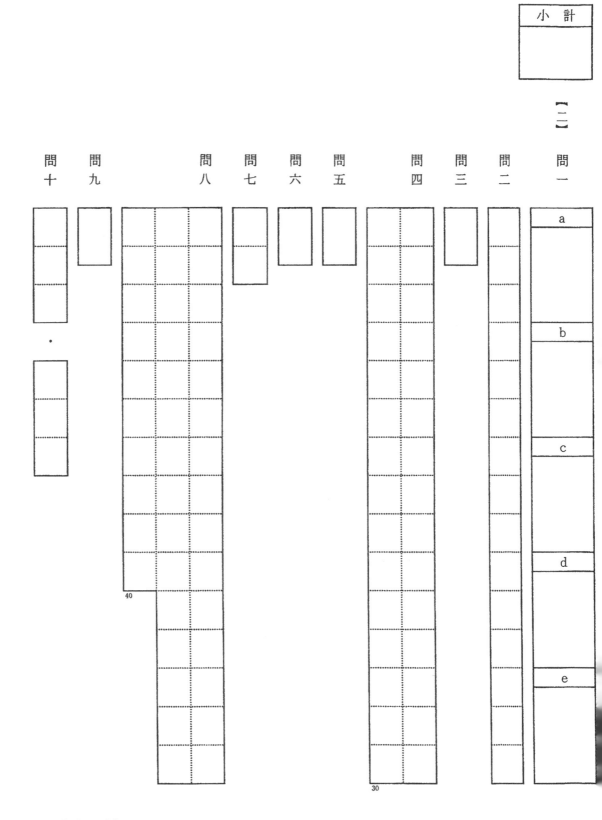

令和４年度　金光八尾中学校　学力検査問題　算数　解答用紙

受験番号	

得点合計

※100点満点
（配点非公表）

1

(1)		(2)		(3)		(4)		(5)		小計

2

(1)		(2)		(3)		(4)		(5)		小計

3

(1)		(2)		(3)		小計
	円		点		平行四辺形 → □ → □ → □	

【解答用紙
3

令和4年度　金光八尾中学校　学力検査問題　英語　解答用紙

受験番号

合　計

※50点満点
（配点非公表）

【1】

1

2

3

4

小　計

【2】

1

2

3

4

小　計

【3】

1　　2　　3　　4

小　計

【解答用紙

受　験　番　号

令和４年度　金光八尾中学校　学力検査問題　理科　解答用紙

合計

※50点満点
（配点非公表）

【１】

（１）	①	A	②	A	③	A
（２）	A	（３）	①		②	
（４）	A	（５）	A	（６）	A	

小計

【２】

（１）		（２）		（３）	
（４）	A		D		E
	F		（５）		

小計

【解答用紙

令和　4　年度　金光八尾中学校　学力検査問題　　社会

解　答　用　紙

受験番号

合計

※50点満点
（配点非公表）

1

問1	市	問2		問3	
問4		問5		問6	
問7		問8		問9	
問10	海流	問11		問12	
問13	山脈	問14		問15	

小計

3

2

問 1		問 2		問 3	
問 4		問 5		問 6	条約
問 7		問 8		問 9	
問10		問11		問12	
問13		問14		問15	

小　　計

3

問 1	【A】	【B】　制度			
問 2		問 3	制度	問 4	
問 5		問 6		問 7	

小　　計

【3】

(1)		(2)		(3)	
(4)	必要な条件		わかる容器	容器　　　と容器	
	必要な条件		わかる容器	容器　　　と容器	
(5)					

小計

【4】

(1)		(2)	①		②		③	
(3)	金星		火星		(4)			
(5)		(6)		(7)	日			

小計

【5】

1

2

3

4

小　計

【6】

1

①	②

2

①	②

3

①	②

4

①	②

5

①	②

小　計

4

								小計
(1)	分	(2)	分速 m	(3)	分	(4)	m	

5

							小計
(1)	太線の長さ cm	面積 cm^2	(2)	ア 度	イ 度		

6

						小計
(1)		(2)		(3)	□列目の□段目	
(4)	□段目が□だけ大きい					

2022(R4) 金光八尾中
教英出版

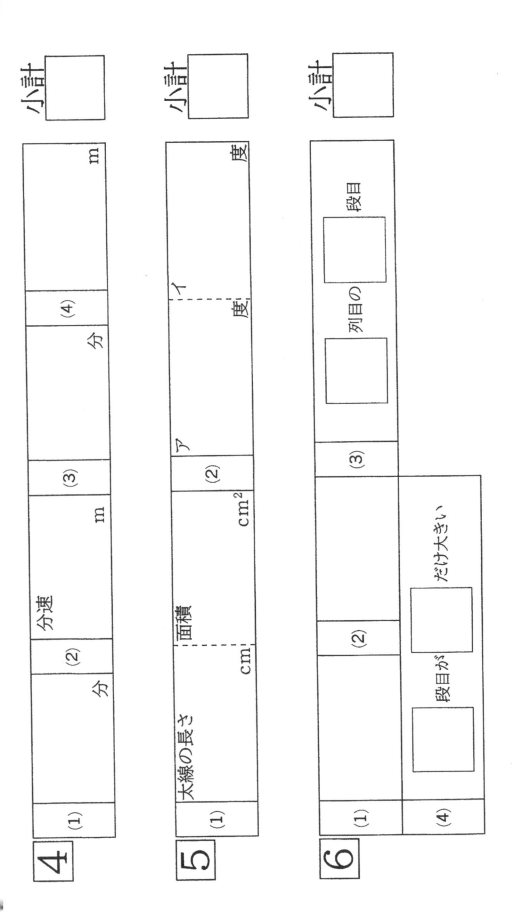

令和四年度　金光八尾中学校　学力検査問題　国語　解答用紙

受験番号

小計

【一】

問一　a　b　c　d　e

問二　X　Y

問三

問四

問五

問六

問七

問八

30

問九　ア　イ　ウ

※100点満点
（配点非公表）

得点

点

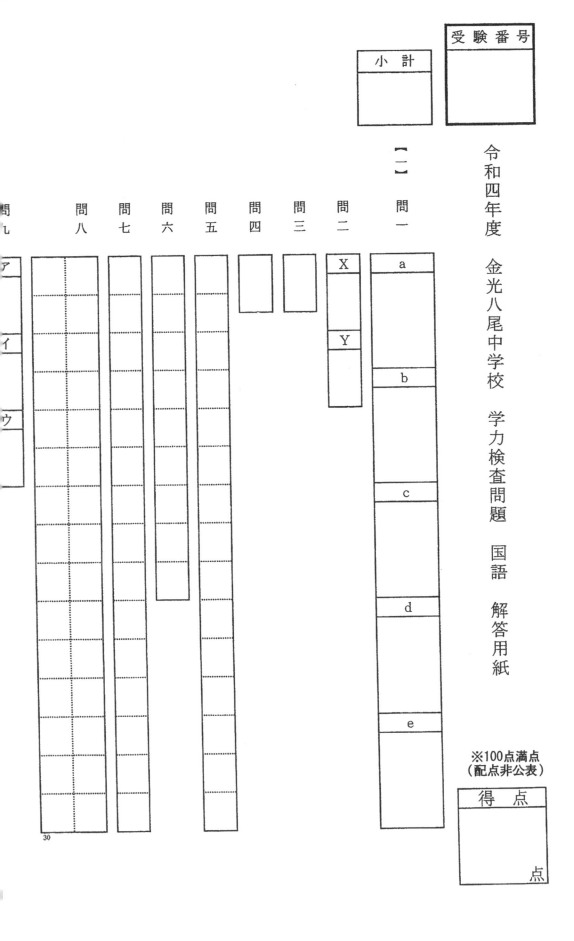

1　次の〔地図Ⅰ〕～〔地図Ⅲ〕をみて，後の問いに答えなさい。

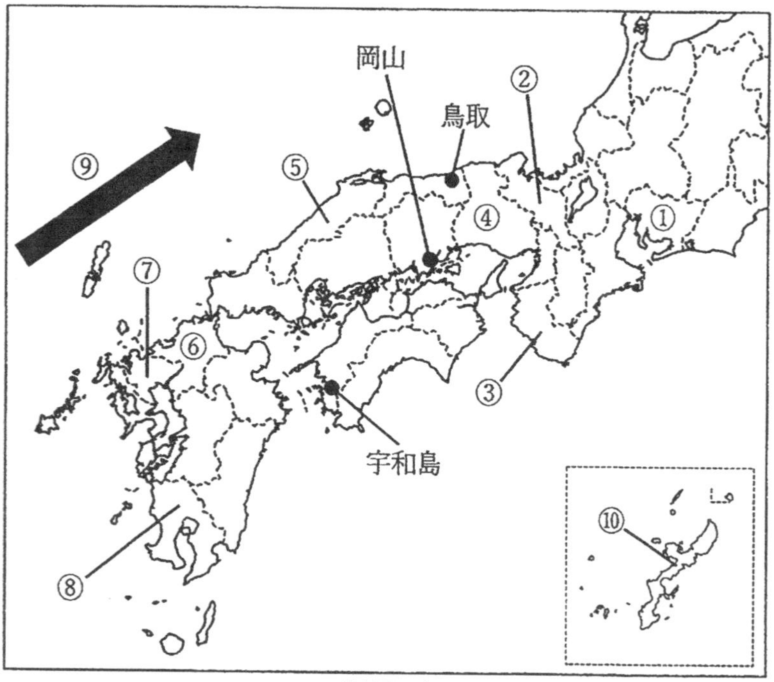

〔地図Ⅰ〕

問１　〔地図Ⅰ〕中の①の県の県庁所在地名を漢字で答えなさい。

問２　〔地図Ⅰ〕中の②の京都府には，多くの工場が密集しています。この工場は中小工場と大工場に分けることができます。中小工場と大工場に関する説明として間違《まちが》っているものを，（ア）～（エ）より１つ選び，記号で答えなさい。

（ア）働く人が１人～299人までの工場を中小工場，300人以上の工場を大工場という。
（イ）日本の工場数のうち，中小工場が９割以上を占めている。
（ウ）日本の工場で働く人のうち，大工場で働く人が半分以上を占めている。
（エ）日本の工業生産額《がく》のうち，大工場が半分以上を占めている。

問３　〔地図Ⅰ〕中の③の県で行われている農業の特徴《とくちょう》に関する説明として正しいものを，（ア）～（エ）より１つ選び，記号で答えなさい。

（ア）水はけのよい山のしゃ面を利用して，みかんの栽培《さいばい》をおこなっている。
（イ）夏でもすずしい気候を利用して，だいこんやキャベツの栽培をおこなっている。
（ウ）広大な耕地を利用して，大型機械を使い，少ない人手で小麦の栽培をおこなっている。
（エ）山地を利用して，牛や豚の放牧を中心に，畜産《ちくさん》業をおこなっている。

問4　〔地図Ⅰ〕中の④の県では養殖《ようしょく》業がさかんにおこなわれています。日本の養殖業とその問題について説明した次の文の【　　　　】に入る語句を答えなさい。

> 養殖業は，魚を稚魚《ちぎょ》から育てるので計画的に安定した収入を得ることができます。しかしその一方で，海の中のプランクトンが異常に増える【　　　　】が発生したり，油などの流出で海がよごれて，育てた魚が死んでしまうこともあります。

問5　下の図は〔地図Ⅰ〕中の鳥取市，岡山市，宇和島《うわじま》市の気温と降水《こうすい》量のグラフです。グラフと都市名の組み合わせとして正しいものを，（ア）～（カ）より1つ選び，記号で答えなさい。

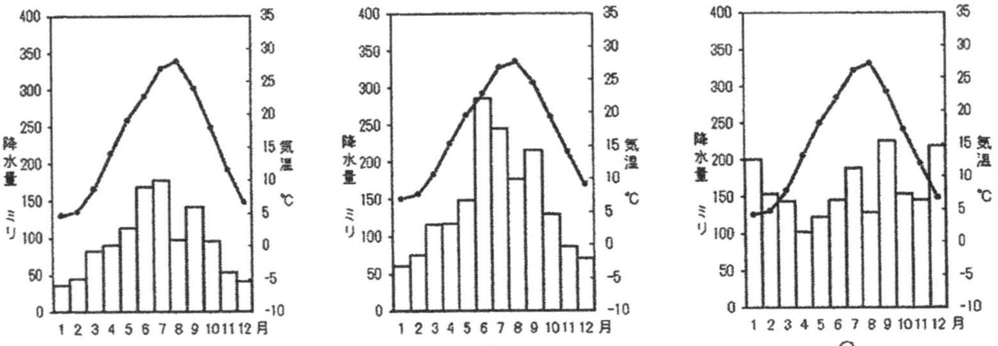

A　　　B　　　C

気象庁「過去の気象データ」より作成。統計値は1991～2020年の平年値。

（ア）A－鳥取市　　B－岡山市　　C－宇和島市
（イ）A－鳥取市　　B－宇和島市　C－岡山市
（ウ）A－岡山市　　B－鳥取市　　C－宇和島市
（エ）A－岡山市　　B－宇和島市　C－鳥取市
（オ）A－宇和島市　B－鳥取市　　C－岡山市
（カ）A－宇和島市　B－岡山市　　C－鳥取市

問6　〔地図Ⅰ〕中の⑤の県にある世界文化遺産ついて説明した下の文章の【　　　　】に当てはまる語句を，（ア）～（エ）より1つ選び，記号で答えなさい。

> 島根県には，多くの遺跡や歴史的建造物があります。2007年には「【　　　　】とその文化的景観」が世界遺産に登録されました。

（ア）石見銀山遺跡　（イ）厳島《いつくしま》神社　（ウ）法隆寺《ほうりゅうじ》　（エ）三内丸山遺跡

問7　〔地図Ⅰ〕中の⑥の県にある北九州工業地帯は，四大工業地帯の1つです。四大工業地帯では，1980年代以降，生産費用《ひよう》の安いアジアの国々に工場を移転《いてん》することが増え，その結果一部の産業がおとろえていきました。このことを何といいますか。その名前を答えなさい。

問８　〔地図Ⅰ〕中の⑦の県にある，約400年前から続いている伝統工芸品として正しいものを，（ア）～（エ）より１つ選び，記号で答えなさい。

（ア）九谷焼《くたにやき》　（イ）有田焼《ありたやき》　（ウ）瀬戸焼《せとやき》　（エ）信楽焼《しがらきやき》

問９　〔地図Ⅰ〕中の⑧の県は火山噴火《ふんか》や地震《じしん》が多く発生しています。日本の火山噴火や地震に関して説明したＸ・Ｙの文について，両方とも正しければ（ア），Ｘが正しくＹが間違っていれば（イ），Ｘが間違いでＹが正しければ（ウ），両方とも間違っていれば（エ）と答えなさい。

Ｘ．防災対策の１つとして，地震による津波や高潮を防ぐために，沿岸部に砂防ダムがつくられている。

Ｙ．火山の噴火により，岩や小石，はいや有毒《ゆうどく》なガスなどが噴《ふ》き出したりするなど，人や建物，農作物などにも大きな被害が出ることがある。

問10　〔地図Ⅰ〕中の⑨で示した海流の名前を答えなさい。

問11　〔地図Ⅰ〕中の⑩の県では，冬でもあたたかい気候を活かしておこなう農業がさかんにおこなわれています。平張りのしせつで，電灯を当てて栽培している作物は何ですか。（ア）～（エ）より１つ選び，記号で答えなさい。

（ア）さとうきび　（イ）きく　（ウ）パイナップル　（エ）キャベツ

問12　下のグラフは，日本の年齢《ねんれい》別農業人口の移り変わりと，農業従事者《じゅうじしゃ》全体に対する女性の割合の移り変わりを示したものです。下のグラフに関する説明として正しいものを，（ア）～（エ）より１つ選び，記号で答えなさい。

（ア）農業従事者の高齢化が問題になっており，60歳以上の割合はどの年も最も高い。

（イ）農業人口は減少傾向《けいこう》で，2015年の農業人口は1965年と比べると約10分の１になっている。

（ウ）農業従事者全体に対する女性の割合は，どの年も50％を下回ったことはない。

（エ）1985年以降，農業人口，農業従事者全体に対する女性の割合ともに減少し続けている。

日本の年齢別農業人口と農業従事者全体に対する女性の割合の移り変わり

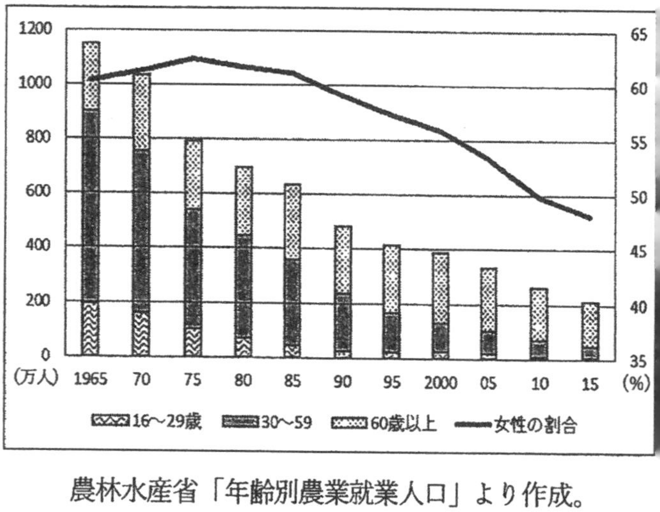

農林水産省「年齢別農業就業人口」より作成。

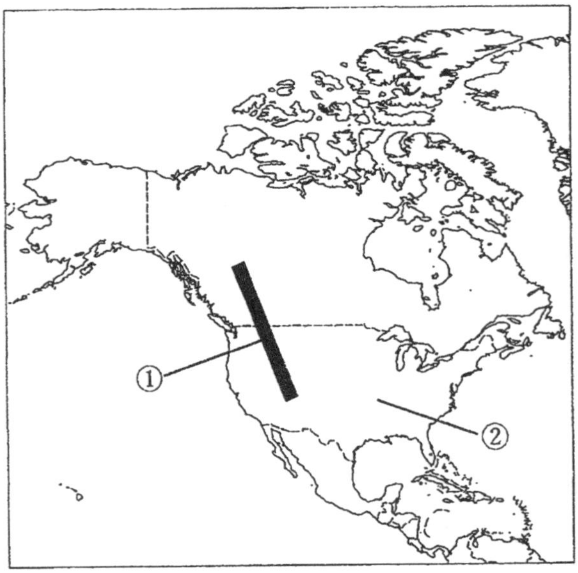

〔地図Ⅱ〕

〔地図Ⅲ〕

問13　〔地図Ⅱ〕中の①で示した山脈の名前を答えなさい。

問14　〔地図Ⅱ〕中の②の国の文化に関して説明したX・Yの文について，両方とも正しければ（ア），Xが正しくYが間違っていれば（イ），Xが間違いでYが正しければ（ウ），両方とも間違っていれば（エ）と答えなさい。

X．トランペットやトロンボーンなどの西洋楽器と，アフリカの伝統的なリズムが合わさったジャズがうまれた。

Y．この国で最も人気の高いスポーツはサッカーで，日本にも多くの選手が来ている。また，日本で生まれた柔道《じゅうどう》も多くの人に親しまれている。

問15　〔地図Ⅲ〕中の③の国の特徴に関する説明として正しいものを，（ア）～（エ）より１つ選び，記号で答えなさい。

（ア）旧暦《きゅうれき》の正月を祝う春節《しゅんせつ》という伝統的な行事がおこなわれている。
（イ）英語が公用語で，アジアからの移民も多く，約200万人の日系人が暮《く》らしている。
（ウ）コーヒー豆，大豆，さとうきびの栽培がさかんにおこなわれている。
（エ）豊富な石油資源にめぐまれていて，日本が最も多くの石油を輸入している国である。

2　次の年表をみて，後の問いに答えなさい。

239 年	卑弥呼《ひみこ》が魏《ぎ》に使いを送る	…… ①
	↕ A	
574 年	聖徳太子《しょうとくたいし》が生まれる	…… ②
	↕ B	
1167 年	【　　　】が政治の実権《じっけん》をにぎる	…… ③
	↕ C	
1338 年	足利尊氏が征夷大将軍となる	…… ④
	↕ D	
1641 年	平戸のオランダ商館を出島に移す	…… ⑤
	↕ E	
1904 年	日露《にちろ》戦争がおこる	…… ⑥
	↕ F	
1939 年	第二次世界大戦が始まる	…… ⑦
	↕ G	
1972 年	沖縄が日本に復帰する	…… ⑧

問１　年表中の①について，卑弥呼に関して説明したX・Yの文について，両方とも正しければ（ア），Xが正しくYが間違っていれば（イ），Xが間違いでYが正しければ（ウ），両方とも間違っていれば（エ）と答えなさい。

X．邪馬台国《やまたいこく》の女王卑弥呼を倭《わ》の王にたてると，争いが終わり平和になった。
Y．収穫した稲の約３％を国に納める税のしくみを整えた。

受　験　番　号

令和４年度

金光八尾中学校　　学力検査問題

社　　会

（30分）

（問題は１ページから10ページまで）

【3】種子の発芽について調べるために，次の２つの実験を行いました。次の（1）から（5）の各問いに答えなさい。

〔実験１〕図１のように，１日水にひたしておいたインゲンマメの発芽前の種子と，発芽後しばらくたってしぼんだ子葉を横に切り，その断面にヨウ素液をつけて，色の変化を観察しました。

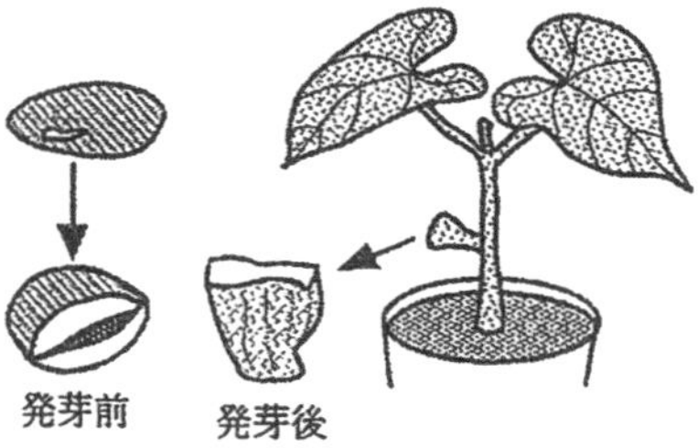

図１

（1） ヨウ素液をつけた結果を，次のアからエより１つ選び，記号で答えなさい。

ア．発芽前の種子と発芽後の子葉のどちらも，青むらさき色になった。

イ．発芽前の種子だけが青むらさき色になった。

ウ．発芽後の子葉だけが青むらさき色になった。

エ．発芽前の種子と発芽後の子葉のどちらも，ほとんど色の変化がなかった。

（2） ヨウ素液の色の変化からわかる，発芽に使われた養分の名前を答えなさい。

（3） (2)の養分は，植物の何というはたらきによって作られたものですか。

〔実験２〕図２のようにレタスの種子を１０個ずつ入れた４つの容器に水や肥料を入れて，次のAからDの４種類の容器を用意しました。(図３)

A．容器に何も加えず，スポンジはかわいたままにする。

B．スポンジがしめる程度に水を入れる。

C．スポンジがしめる程度に水と液体の肥料を入れる。

D．種子が十分に水中にしずむ程度に水を入れる。

図２

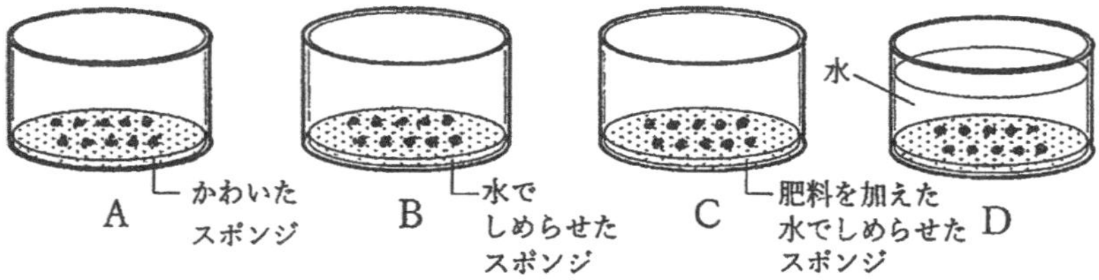

図３

これらの容器を，室温を27℃で一定に保った明るい部屋に３日間おき，何個の種子が発芽したか調べたところ，表のような結果になりました。

容器	A	B	C	D
発芽した種子の数	０個	１０個	１０個	０個

【２】炭酸水，食塩水，砂糖水，塩酸，アンモニア水，水酸化ナトリウム水溶《よう》液が，Ａから
Ｆのビーカーに入っています。ＡからＦのビーカーに入っている水溶液がどれであるか調べるために，次の実験１から４を行いました。次の（１）から（５）の各問いに答えなさい。

〔実験１〕ＡからＦのビーカーにＢＴＢ溶液を加えると，ＥとＦのビーカーが黄色になりました。

〔実験２〕ＡからＦのビーカーを温めて水溶液から水を蒸発させると，ＢとＣとＤのビーカーの底に固体が残りました。

〔実験３〕ＡからＦのビーカーのにおいをかぐと，ＡとＥから鼻をさすようなにおいがしました。

〔実験４〕ＡからＦのビーカーにフェノールフタレイン溶液を少しだけ加えると，ＡとＤの水溶液の色が赤に変わりました。

（１）　炭酸水は何という気体が水に溶《と》けているものですか。溶けている気体の名前を答えなさい。

（２）　（１）の気体を石灰水にふきこむと何色に変わりますか。

（３）　食塩水や砂糖水にBTB溶液を少し加えると何色になりますか。次のアからオより１つ選び，記号で答えなさい。

ア．白　イ．緑　ウ．赤　エ．黄　オ．青

（４）　A,D,E,Fの水溶液の名前をそれぞれ答えなさい。

（５）　ＢとＣは，実験１から４の結果だけでは，どの水溶液であるかわかりません。ＢとＣの水溶液の名前をわかるようにするには，どうすればよいですか。次のアからエより１つ選び，記号で答えなさい。

ア．ムラサキキャベツを加える。

イ．卵のからを加える。

ウ．鉄の粉を加える。

エ．電池と電流計をつないで電気が流れるか調べる。

【1】図1のように，電池，電流計，電熱線をつなぎ，電熱線の長さと太さを変えて，電流計に流れる電流の大きさとの関係を調べる実験を行いました。表はその結果です。次の（1）から（6）の各問いに答えなさい。

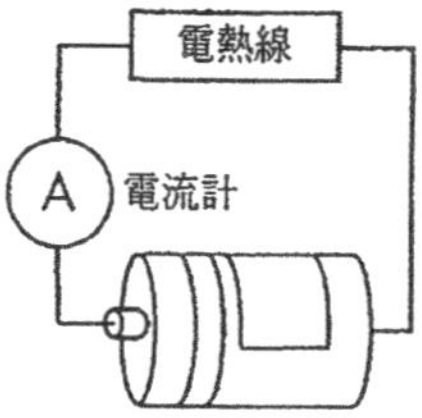

図1

		長さ		
		1cm	2cm	3cm
太さ	1mm^2	0.12A	0.06A	①
	2mm^2	0.24A	0.12A	0.08A
	3mm^2	②	0.18A	③

（1） 表中の①から③に当てはまる電流の大きさは何Ａですか。

（2） 電熱線の長さを4cm，太さを5mm^{2}とすると，流れる電流の大きさは何Aですか。

（3） 実験からわかることをまとめた次の文の①から②に当てはまる語句をそれぞれ漢字で答えなさい。

・ 電熱線の太さが同じとき，電熱線の長さと流れる電流の大きさには（①）の関係があります。

・ 電熱線の長さが同じとき，電熱線の太さと流れる電流の大きさには（②）の関係があります。

（4） 長さ5cm，太さ10mm^{2}の電熱線２つを使って，図２のように回路をつくりました。電流計に流れる電流の大きさは何Aですか。

（5） 長さ5cm，太さ10mm^{2}の電熱線２つを使って，図３のように回路をつくりました。電流計に流れる電流の大きさは何Aですか。

（6） 長さ5cm，太さ10mm^{2}の電熱線４つを使って，図４のように回路をつくりました。電流計に流れる電流の大きさは何Aですか。

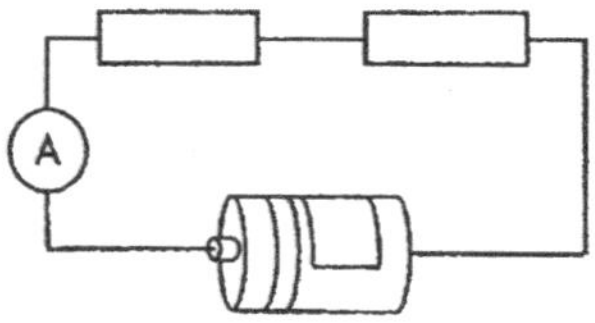

図２

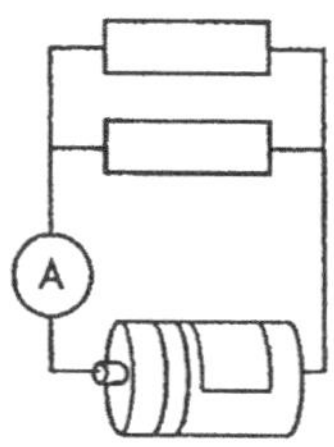

図３

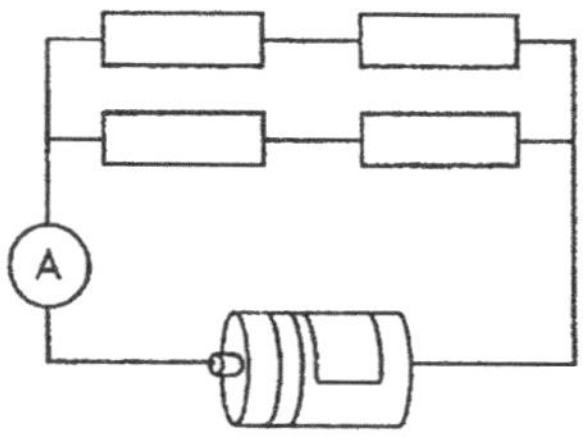

図４

受　験　番　号

令和４年度

金光八尾中学校　　学力検査問題

理　　科

（30分）

（問題は1ページから5ページまで）

【４】次の１～４の対話文の(　　　)内に入る最も適当なものを，ア～エからそれぞれ１つずつ選び，記号で答えなさい。

1　A： Do you like baseball?

B： No, I don't.　(　　　)

ア I like cats.　　イ I like dogs.

ウ I like soccer.　　エ I like baseball.

2　A： When is your birthday?

B：　(　　　)

ア I'm Yutaka.　　イ It's April 24th.

ウ I like oranges.　　エ It's rainy today.

3　A：　(　　　)

B： Yes, I can.

ア Can you speak English?　　イ Are you a student?

ウ How are you?　　エ How do you spell it?

4　A：(　　　)

B：I'm Mike.　I'm from Canada.

ア What time is it now?　　イ What do you do?

ウ What is your name?　　エ What are you looking forward to?

【３】次の１～４の英文の(　　　)内に入る最も適当なものを，ア～エからそれぞれ１つずつ選び，記号で答えなさい。

1　I want to be (　　　) in the future.
ア　a book　　イ　a dog　　ウ　an apple　　エ　a teacher

2　I like cooking.　I can cook (　　　) food.
ア　sad　　イ　delicious　　ウ　strange　　エ　brave

3　We can (　　　) many animals in the zoo.
ア　see　　イ　read　　ウ　eat　　エ　buy

4　(　　　) is the seventh month of the year.
ア　January　　イ　April　　ウ　June　　エ　July

【１】 次の４つの語を英和辞書にのっている順番に並べかえたとき，３番目にくる単語はどれですか。その単語を小文字に直して答えなさい。

1	DANCE	ONION	WATER	KING
2	SALAD	CASTLE	GERMANY	WEATHER
3	EGYPT	EVENING	EGG	EVERYONE
4	NATURE	NICKNAME	LAKE	MARATHON

【２】 次の１～４の（　　　）内にある４つの単語には，意味の上で他と種類の違うものがあります。それぞれ１つずつ選んで書きなさい。

1	(sky	eraser	scissors	pencil)
2	(bed	chair	red	table)
3	(Australia	France	Japanese	Russia)
4	(sick	tired	sleepy	sunny)

受　験　番　号

令和４年度

金光八尾中学校　学力検査問題

英　語

（30分）

（問題は１ページから５ページまで）

1 次の計算をしなさい。

(1) $16\times7+3-78$

(2) $(3\times17-7)\div(20-18\div2)$

(3) $18\times1.3+1.3\times9+3\times1.3$

(4) $\left(1\frac{2}{3}\div\frac{2}{5}\right)-5\frac{1}{4}\times\frac{2}{3}$

(5) $\left(3.5-\frac{7}{5}\right)\div\left(2.8-2\frac{1}{3}\right)$

2　□ にあてはまる数を答えなさい。

（1）48 の約数の個数は □ 個です。

（2）2500 円の品物の 3 割引きの値段は □ 円です。

（3）3850 mL は □ dLです。

（4）時計の長針は，20 分間に □ 度動きます。

（5）$\frac{1}{15}=\frac{1}{\square}+\frac{1}{\square}+\frac{1}{\square}$　（□ には，同じ数が入ります）

3 次の問いに答えなさい。

(1) 兄と弟の所持金の比は5：3です。兄が弟に1500円あげたところ，所持金の比が7：9になりました。兄の最初の所持金は何円ですか。

(2) 男子24人，女子16人のクラスで算数のテストを行いました。男子の平均点が70点，クラスの平均点が74点でした。このとき，女子の平均点は何点ですか。

(3) 直角二等辺三角形と平行四辺形があり，直角二等辺三角形は図1の位置から図3の位置まで矢印の向きに動きます。図2は，動いている途中の様子を表したものです。このとき，2つの図形が重なる⬬の部分は，

平行四辺形→□→□→□

の順に変化します。□にあてはまる図形を，下のア，イ，ウから選び，左から順番に答えなさい。

[図1]

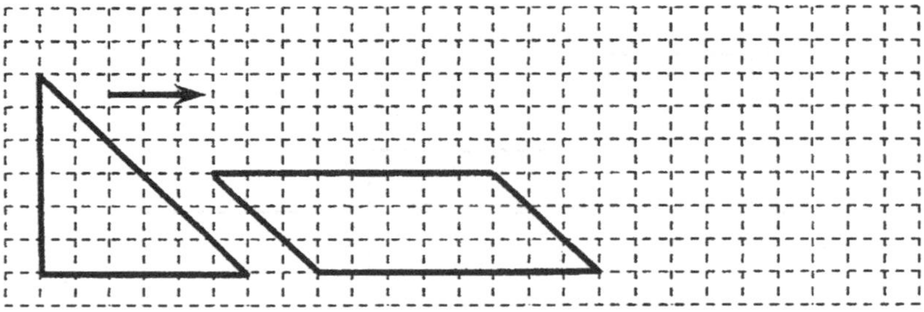

[図2]

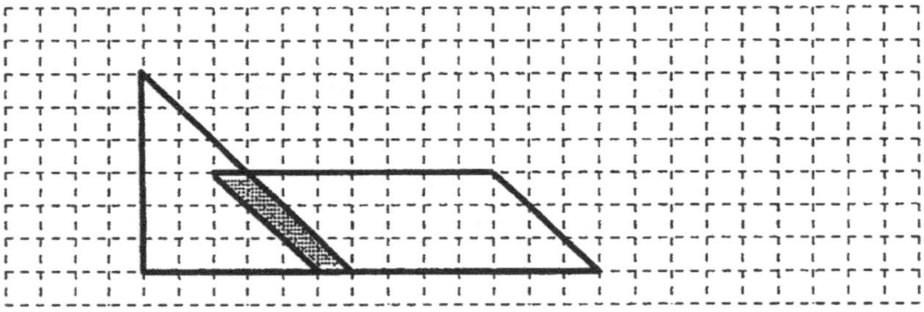

[図3]

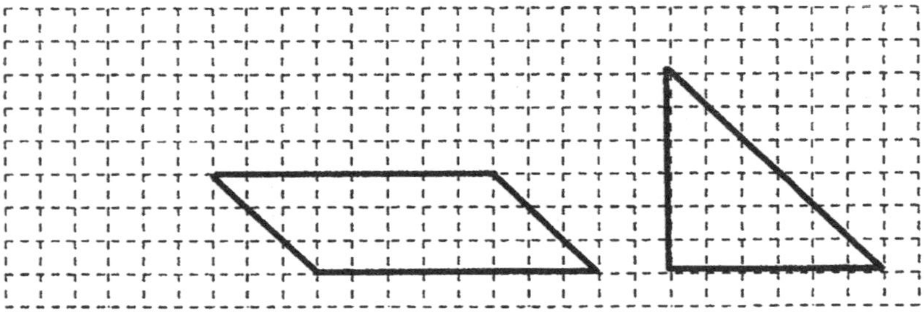

ア　台形　　　イ　五角形　　　ウ　直角二等辺三角形

4　花子さんは3.3 km マラソンに出場しました。途中に2か所の休けい地点A，Bがあり，そこで3分間ずつ休みました。A地点はスタート地点とB地点のちょうど中間地点です。下のグラフは出発してからゴールまでの時間と花子さんの走る速さを表したものです。次の問いに答えなさい。

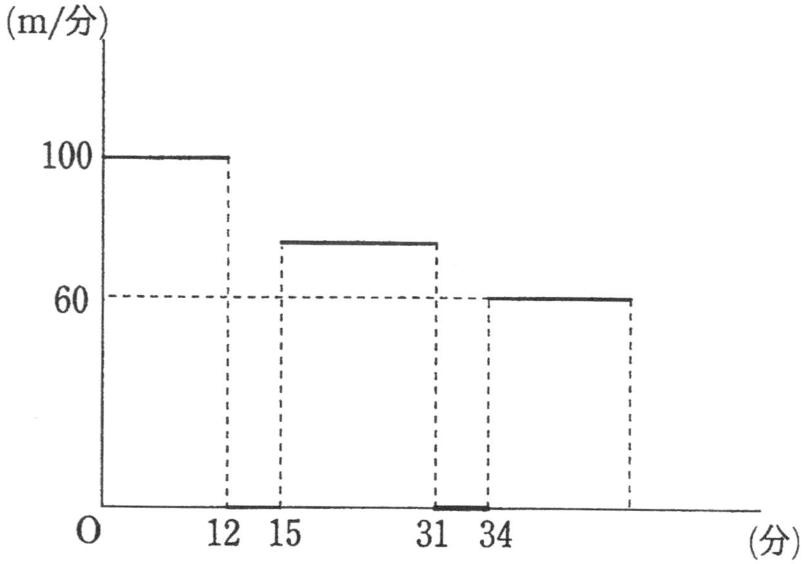

（1）　スタート地点からA地点までにかかった時間は何分ですか。

（2）　A地点からB地点まで走ったときの速さは分速何 m ですか。

（3）　ゴールするまでに何分かかりましたか。

（4）　スタートして40分後の地点からゴールまではあと何 m ですか。

受　験　番　号

令和４年度

金光八尾中学校　　学力検査問題

算　　数

（50分）

（問題は１ページから１０ページまで）

問八　空らん［3］にあてはまる内容を、「環境」ということばを必ず用いて三十字以内で答えなさい。

問九　次のア～ウについて、本文の内容と合っているものには○、合っていないものには×を、それぞれつけなさい。

ア　雑草にとって、一刻も早く芽をだすことが、ほかの何よりも優先すべき事項である。

イ　動物とは違って植物には生存競争はほとんどなく、どんなところでも繁栄しやすい。

ウ　人間が作り出した環境は、雑草にとって生存するのに適した場所であるといえる。

【二】次の文章を読んで、あとの問いに答えなさい。（特に指示がない場合、句読点も字数にふくみます）

夏休みのあの日、その祖母がふとんの中に手を差し入れて何かを取り出すと、純子《じゅんこ》に差し出してきた。

「来年、大学受験でしょう？　これを持っていれば大丈夫《だいじょうぶ》。きっと志望校に合格するよ」

「どこかの神社のお守り？」

紐《ひも》のついた小さな赤い巾着袋《きんちゃくぶくろ》を受け取って、純子は聞いた。

「これはおばあちゃんのお手製。着物の端切《はぎ》れで作ったの。中に入っているのは砂だよ」

「どこの砂？」

「秘密の砂。京都より西の砂なのは確かだけど」

「どうして、京都より西の砂なの？」

「おばあちゃんは、京都より東に行ってはいけないから」

どうして、京都より東に行ってはいけないのか、理由は教えてもらえなかったが、そのときは「なるほど」とa納得した純子だった。祖母は横浜《よこはま》には一度も来ようとしなかったからだ。結婚《けっこん》前の挨拶《あいさつ》のときに顔を合わせたきりの娘《むすめ》の夫、つまり、わたしの父が嫌《きら》いだからだ、とそれまで純子は勝手に解釈《かいしゃく》していたが、どうやらほかの理由があったようだ。理屈《りくつ》では説明がつかない、そうした①おかしな制約を自分に課している点も祖母を[A]な存在に見せていて、純子の目にはすばらしく魅力《みりょく》的にb映ったのだ。

「神社のお守りはどうすればいいの？」

湯島天神のお守りを手に入れたばかりだったので、気になって尋《たず》ねてみた。

「神社のお守りというのは、効果は買ってから一年だね」

「効き目が一年って、誰《だれ》が決めたの？」

「お守りを作るときに、そう念じて作ってるんだよ。初詣《はつもうで》のときに買えば、翌年に新しいのを買って、古いお守りは納める。安産祈願《きがん》のお守りは、無事に出産したら、お礼を言って納める。②そういうふうに循環《じゅんかん》していかないと、神社は儲《もう》からないでしょう？　でも、おばあちゃんのこのお守りは違《ちが》う。効果はずっとずっと、永遠にある。だから、これだけ持っていれば大丈夫。必ず、純子を守ってくれるから」

祖母は、手を伸《の》ばして純子の頭を撫《な》でると、そう言って微笑《ほほえ》んだ。

——誰にも見せるな。

そう言われたわけではなかったけれど、横浜の自宅に帰ってから、純子は祖母からもらったお守りを両親には見せなかった。

自分の部屋で、改めて巾着袋の中を見てみた。透明《とうめい》なケースの中に③さらさらした茶色い砂が入っている。砂時計に使われているような粒子《りゅうし》の揃《そろ》ったきれいな砂だ。ケースには蓋《ふた》がついていたが、砂がこぼれ出てしまいそうで、開けるのはやめた。

——そんなに強力なお守りだったら……。

自分の願いもきっと叶《かな》うはずだ。純子はそう考えて、※松江《まつえ》から帰宅した翌日から、毎朝、毎晩、お守りを握《にぎ》り締《し》めては④一心不乱に祈《いの》った。

「どうか、おばあちゃんが元気になりますように。長生きできますように」と。

だが、願いは叶わなかった。最後に会ってからひと月半後に、祖母は他界した。

「必ず願いが叶うなんてお守り、あるはずないよね。所詮《しょせん》、お守りなんて気休めだもの」

祖母の命をc永らえさせてくれなかったお守りに、怒《いか》りや苛立《いらだ》ちをぶつけるしかなかった。家族で松江に行き、葬儀《そうぎ》を終えて横浜に戻《もど》ると、大きな［　B　］感を埋《う》めるために、純子は受験勉強に励《はげ》んだ。

年が明けて、最初の受験日がやってきた。ここは腕試《うで》しだ。模擬《もぎ》試験ではいつも合格圏《ごうかくけん》内と判定される大学である。

祖母からもらったお守りは、机の引き出しにしまったままになっていた。大学受験なのだから、ここはやはり、合格祈願のお守りの出番だろう。学問の神様、菅原道真《すがわらのみちざね》公を祀《まつ》った湯島天神のお守りにすがろう。そう思っていたら、母が福岡の知人に頼《たの》んで、太宰府天満宮《だざいふてんまんぐう》の合格祈願のお守りを手に入れてくれた。

二つあれば効果絶大だろう、と二つとも鞄《かばん》に入れて、受験会場に持って行った。試験問題は予想以上にむずかしかったが、それでもベストを尽《つ》くしたという手ごたえはあった。

ところが、結果は不合格だった。

腕試しのつもりで受けた大学に落ちたのだから、ショックは大きかった。純子は自信を喪失《そうしつ》し、もうどこも受からないのではないか、と不安に襲《おそ》われた。

「太宰府天満宮のがよけいだったんだよ」

と、⑤お守りを用意してくれた母に毒づいてしまったくらいだ。

そのとき、ハッと思い出したのが、祖母にもらったあのどこのものとも知れぬ砂の入ったお守りだった。純子は、先見のd明のある祖母が特別な砂をお守りにしてくれたに違いない、と考えたのだった。靴《くつ》が滑《すべ》りにくく歩きやすい砂という意味で、「大学に滑りにくい→合格しやすい」とか、どんな隙間《すきま》でも潜《もぐ》り込《こ》める細かな砂という意味で、「就職試験で最後の一人のポストに潜り込める」とか……。

いまでこそ、「電車の滑り止めの砂」として、どこかの駅で合格祈願のお守りに大々的に砂を売っているという話も耳にする。だが、その当時、そんな滑り止めの砂は売り出されていなかったように記憶している。

第一志望ではあったが、合格の可能性は半々と言われていた大学の受験日、純子は祖母のお守りを上着のポケットに入れて、試験にe臨んだ。

その結果、［　C　］。

それから、「秘密の砂」の入った⑥祖母のお守りが、純子にとっての唯一《ゆいいつ》のお守りとなったのだった。

（新津《にいつ》きよみ「お守り」『誰かのぬくもり』所収　光文社文庫による）

※松江…島根県の出雲《いずも》地方に位置する市。

問一　二重ぼう線部a～eの漢字の読み方をひらがなに直して書きなさい。

問二　ぼう線部①「おかしな制約」とありますが、それはどのような内容ですか。本文中から十五字以内でぬき出して答えなさい。

問三　空らん［A］にあてはまることばとして最も適当なものを、次のア～オより一つ選び、記号で答えなさい。

ア　ネガティブ　イ　ミステリアス　ウ　フレンドリー　エ　デリケート　オ　グローバル

問四　ぼう線部②「そういうふうに循環《じゅんかん》していかないと、神社は儲《もう》からない」とありますが、ここでの「循環」とはどのようなことですか。三十字以内で答えなさい。

問五　ぼう線部③「さらさら」とありますが、それと異なる使われ方をしているものを、次のア～オより一つ選び、記号で答えなさい。

ア　彼女の髪はいつもさらさらだ。　イ　小川の水がさらさら流れている。

ウ　お茶漬けをさらさら食べる。　エ　負けるつもりはさらさらない。

オ　色紙《しきし》にさらさらサインする。

問六　ぼう線部④「一心不乱」の本文中の意味として最も近いことばを、次のア～オより一つ選び、記号で答えなさい。

ア　一心同体　イ　一石二鳥　ウ　一意専心　エ　一刀両断　オ　一期一会

問七　空らん［B］には二字の熟語があてはまります。本文中より二字の熟語をぬき出して答えなさい。

問八　ぼう線部⑤「お守りを用意してくれた母に毒づいてしまった」とありますが、それはなぜですか。その理由を四十字以内で答えなさい。

問九　空らん［C］にあてはまる内容として最も適当なものを、次のア～オより一つ選び、記号で答えなさい。

ア　もう一年頑張ることを決めた

イ　進路を変更することになった

ウ　またしても合格であった

エ　大学の合格をあきらめた

オ　見事に合格を勝ち取った

問十　ぼう線部⑥「祖母のお守りが、純子にとっての唯一《ゆいいつ》のお守りとなった」とありますが、ここでの「唯一のお守り」とは対照的な意味のことばを本文中より二つ、それぞれ三字でぬき出して答えなさい。

受　験　番　号

令和３年度

金光八尾中学校　　学力検査問題

国　　語

（50分）

（問題は１ページから 10 ページまで）

2021(R3) 金光八尾中
教英出版

【一】次のⅠ・Ⅱ・Ⅲの文章を読んで、あとの問いに答えなさい。なお、Ⅲは、生徒三人（金光さん・八尾《やお》さん・高安さん）がⅠとⅡの文章（森博嗣《もりひろし》『自由をつくる 自在に生きる』より）を読んで、感想を述べているところです。（特に指示がない場合、句読点も字数にふくみます）

Ⅰ

結論からさきに書くと、「人生の目的は自由だ」と僕《ぼく》は考えている。自由を獲得《かくとく》するために、あるいは自由を構築するために、僕は生きている。少なくとも、今は本気でそう考えているのである。

そもそも、自由とは何か、についてもう少し説明が必要だろう。

まえがきにも書いたけれど、僕の考える自由は、普通《ふつう》の人が思い描《えが》くそれとは多少ニュアンスが違《ちが》っているかもしれない。（　X　）、普通の人は、「子供は自由だ」「動物は自由だ」と言う。僕はその反対で、①子供は不自由であり、動物もけっして自由だとは考えていない。

自由というのは、「自分の思いどおりになること」である。自由であるためには、まず「思う」ことがなければならない。次に、その思いのとおりに「行動」あるいは「思考」すること、この結果として「思ったとおりにできた」という満足を感じる。その感覚が「自由」なのだ。

子供は、あれもしたい、これもしたい、と「思う」けれど、たいていは、そのとおりにならない。大人が「駄目《だめ》だ」と制限するものもあれば、自身の身体的能力が不足しているためにできないことも多いだろう。だから、「自由にあれこれしたい」という気持ちは大人以上に持っているものの、子供はけっして自由とはいえない。はっきりいって不自由である。

動物の場合も同様で、僕が観察できるのはペットくらいだけれど、赤ちゃんのときはかなり自由になりたがる。いろいろ無謀《むぼう》なことをしようとする。（　Y　）、成長して一人前になると、分別《ふんべつ》がつくためなのか、無茶をしなくなる。生きるため以外のことでは、新しいａタイショウに挑戦《ちょうせん》するようなこともほとんどなくなる。新しいおもちゃを与《あた》えたときに興味を示すのは幼いときだけだ。野生の動物というのは、腹が空いたら餌《えさ》を探し、敵に怯《おび》えて生きているのではないか。ほんのときどき、休んだり眠《ねむ》ったりできる時間はあるけれど、自分がやりたいことを考え、つぎつぎにチャレンジしているようには見えない。

結局、敵の目を避《さ》け、餌を探すのが彼《かれ》らの生涯《しょうがい》の大半といって良い。自由にどこかへ冒険に出ることはない。毎日決まった行動をとるのだ。そして、こんなふうに動物を見てしまうのは、僕が人間だからであり、動物はそもそも不自由だなんて感じていないだろう。人間だけが自由な生きものだからこんな思考をするのだ。

腹が空いたら好きなものを食べる。これは②「自由」な状態だろうか？

普通は、これこそ「自由の中の自由」「自由の代表格」だ、と認識されているふしがある。現に、「俺は好きなものさえ食べていられれば、もうそれだけで幸せだ」と豪語《ごうご》する人もいる。まさに、食べるために生まれてきた、といわんばかりである。なんともまあ、動物的な感覚だなと微笑《ほほえ》ましい。もちろん、食べるといってもいろいろな条件がある。最低限の栄養ｂボキュウとしての食事から、趣味《しゅみ》的なグルメのレベルまでさまざまだ。一概《いちがい》に、食べることが動物的だとはいえないかもしれない。ここで書いているのは、かなり一般《いっぱん》的、平均的な食事のことだ。

食欲のほかにも基本的な欲求がある。寝《ね》たいときに眠り、働かなくても良いなら、一日ごろごろとなにもしないでいたい。そういう状態が「自由」だと思い描く人はわりと多いのではないか。

「誰《だれ》からも文句を言われない状態」という条件も重要だと思う。普通は、なにもしないでごろごろしていたら、誰かから注意を受けるからだ。それくらい、人から文句を言われ続けている人生、というのが多くの人が経験する現実なのかもしれない。どういうわけか、文句を言われると気分が悪くなるように、人間は成長のｃカテイでプログラムされる。これは、もちろん「支配」である。

少し考えてみればわかることだが、腹が空いたというのは、肉体的な欲求であり、つまり、食欲は躰《からだ》による「支配」なのである。休みたい、寝たい、というのも同様だ。躰が頭脳に要求している。頭ではもっとしたいことがあるのに、躰がいうことをきかない、そういう不自由な状況と考えることができる。健康であることは、もの凄く感謝すべき幸せの一要因であることはまちがいない。病気のときには、自分の思うように行動できなくなる（ときには、思考もままならない）。誰もが「不自由」を感じるのが不健康である。

これと同様に、空腹や睡魔《すいま》も、やはり、躰による支配なのだ。もっとやりたいこと、やるべきことがあるのに、人間は生きていくために食べなければならないし、寝なければならない。作業の効率は落ちるが、死んでは元も子もないから、しかたがない。躰は、この要求をあたかも「したいこと」のように頭脳に訴《うった》え、これが「肉体的欲求」となる。思考によって導かれた「自分がやりたいこと」とは発信源がｄコトなる。違っていることがご理解いただけるだろうか。

Ⅱ

まず、僕の経験からいえる一番基本的なことを……。自由を得るためには、毎日少しずつでも良いから前進をする作戦が最も有効だと思う。どんな山でも、一歩一歩登っていけば、いつかは頂上に辿《たど》り着ける。目標は見えているのだから、休まずそこを目指す。今日できることをする。なにかできることはないか、といつも探す。そして、無理をせず、時間をかけて少しずつ進む。そうすることが、一番楽なのである。

僕は若いとき、一気に集中してものごとを片づける人間だった。しかし、あるとき、それでは結局のところ肉体的限界を超えることができない、と感じた。これから歳《とし》を重ねればさらに体力的には衰《おとろ》えてくる。もっと素晴らしいこと、今まで以上のことを実現するには、二つの方法しかない。それは時間をかけてじっくりと進むか、あるいは他者の援助を得て複数の労力で進むか、のいずれかだ。そして、僕は前者を選択《せんたく》した。たまたま僕の仕事はそれが可能な分野だったからだ。社会の一般的な仕事に比べると時間制限がそれほど*タイトではないのが研究という仕事である。しかし、多くの仕事の場合はそうではない。社会の中に組み込《こ》まれている作業は、初めから大勢に分割されたものだ。そうなると、スケジュールを決めて、他者と歩調を合わせる必要が生じる。こういった分野では、個人の能力を超えようと思えば、複数で力を合わせるしかない。これは、より大きな自由を掴《つか》むために受ける③小さな支配、といえるだろう。

しかし、自分の身の回りのこと、自分の人生の構築に関しては、やはり自分一人だけがスタッフである。自分が怠《なま》ければ進まない。休んでいる間にeコウテンすることもない。今日やらなければ、明日はもっと辛《つら》くなる。今遊んでいると、将来必ず不自由になる。それくらいの計算は人間ならばできるはずだ（動物でも少しはできる）。自分で決めたノルマに支配されることが、より大きな自由のためには不可欠となる。他者によって支配されるよりは、ずっとましだし、それに楽しいはずだ。一歩一歩、無理にならない範囲《はんい》で、しかし、確実に少しずつ前進をするのである。

*語注　*「タイト」＝ぎっしりつまっているさま。

Ⅲ

金光さん：[Ⅰ]と[Ⅱ]は、「自由」ということについて書かれた文章だね。
八尾さん：筆者の考える「自由」って、どのようなことかな？
高安さん：[Ⅰ]の文章によると、[1]ことだね。
八尾さん：そうなんだね。じゃあ、[Ⅰ]の文章にある「躰による支配」ってどういうことなのかな。
高安さん：[2]ことで、これが「肉体的欲求」にもつながっているんだね。
金光さん：結局、[Ⅱ]の文章を読むと、自由のためには[3]が大切なんだね。
高安さん：そうかあ。よし、今日からはダラダラせずにがんばってみるよ。まずは今日の宿題、だれか教えて！

（森博嗣『自由をつくる 自在に生きる』より）

問一　二重ぼう線部a～eのカタカナを漢字に直しなさい。

問二　空らん（ X ）・（ Y ）にあてはまることばを次のア～エより一つずつ選び、記号で答えなさい。

ア　それでは　　イ　なお　　ウ　しかし　　エ　たとえば

問三　ぼう線部①「子供は不自由であり、動物もけっして自由だとは考えていない」とありますが、筆者がそのように考えるのはなぜですか。その理由として最も適当なものを次のア～エより一つ選び、記号で答えなさい。

ア　子供は自分の欲求通りに行動へ移すことはあえてしないし、動物も幼い頃には積極的な行動は見られないから。
イ　子供は大人ほど知的好奇《こうき》心が高いわけではないし、動物も身体的能力の不足により勝手な行動はできないから。
ウ　子供は何に対しても好きなように行動することができるし、動物も常に新しいことに挑戦し続けているから。
エ　子供は能力や状況からできないことも多く、動物も大人になると毎日同じ行動を取っているように見えるから。

問四　ぼう線部②「『自由』な状態」とありますが、筆者の考える「自由」な状態の具体例として最も適当なものを次のア～エより一つ選び、記号で答えなさい。

ア　宿題が終わったので、好きな音楽を聴《き》く。　　イ　走りすぎて疲れたので、座って体を休める。

ウ　お腹が空いたので、おにぎりを作って食べる。　　エ　眠くなったので、横になって昼寝をする。

問五　ぼう線部③「小さな支配」と同じ内容の部分を「～こと」につながる形で［Ⅱ］の本文中より二十一字でぬき出して答えなさい。

問六　空らん［1］にあてはまる内容として最も適当なものを次のア～エより一つ選び、記号で答えなさい。

ア　自分の目標に向けて行動し、結果に関わらず取り組み続けた姿勢に満足を感じる

イ　自分がしたいと思うことのために行動や思考を重ね、できたという満足を感じる

ウ　自分が興味本位に行動した結果、多くの人に助言をもらえたという満足を感じる

エ　自分の思考力不足を時間と行動力で補い、努力を続けられたことに満足を感じる

問七　空らん［2］にあてはまる内容を三十五字以内で答えなさい。

問八　空らん［3］にあてはまる内容を二十五字以内で答えなさい。

問九　次のア～ウについて、本文の内容と合っているものには○、合っていないものには×をそれぞれつけなさい。

ア　一日の大半の時間を、敵を避けえさを探すことに費やす動物は、人間から見ると不自由に思えてくる。

イ　病気のときには自分の思い通りに動いたり考えたりすることができなくなり、誰もが不自由さを感じる。

ウ　一気に集中して物事に取り組めば、肉体的限界を超えて今まで以上の成果を出すことができるようになる。

2021(R3) 金光八尾中
教英出版

〈　計算用紙　〉

6　直線コースのスタート地点からゴール地点まで 300 m です。このコース上に，生徒と先生が次のように立っています。

・スタート地点から 30 m ごとに 1 人ずつ先生が立ちます。ただし，スタート地点に先生は立ちません。(○印…先生)

・スタート地点から 5 m ごとに 1 人ずつ生徒が立ちます。ただし，スタート地点にも生徒は立っています。(●印…生徒)

このとき，次の問いに答えなさい。

(1)　先生は全部で何人立っていますか。

(2)　生徒は全部で何人立っていますか。

(3)　下の図のように，スタート地点から □ m ごとに 1 本ずつ全部で 5 本の旗を立てます。ただし，スタート地点とゴール地点には旗を立てません。

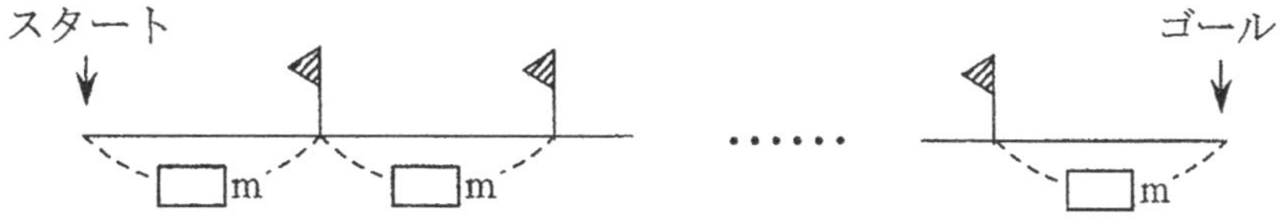

①　□ にあてはまる数を答えなさい。

②　生徒だけが立っている地点は，何か所ありますか。

〈　計算用紙　〉

5 円周率を3.14として，次の問いに答えなさい。

(1) 下の図は3つの半円を組み合わせたものです。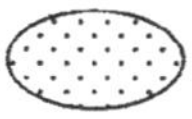 部分の面積と，周りの長さを求めなさい。

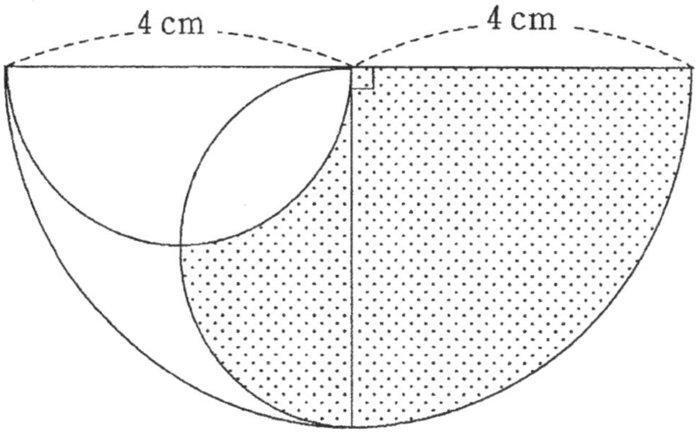

(2) 下の図の三角形ABCは1辺の長さが10 cmの正三角形で，● 印の角は同じ大きさです。AEの長さが3 cmのとき，アの角の大きさとDFの長さを求めなさい。

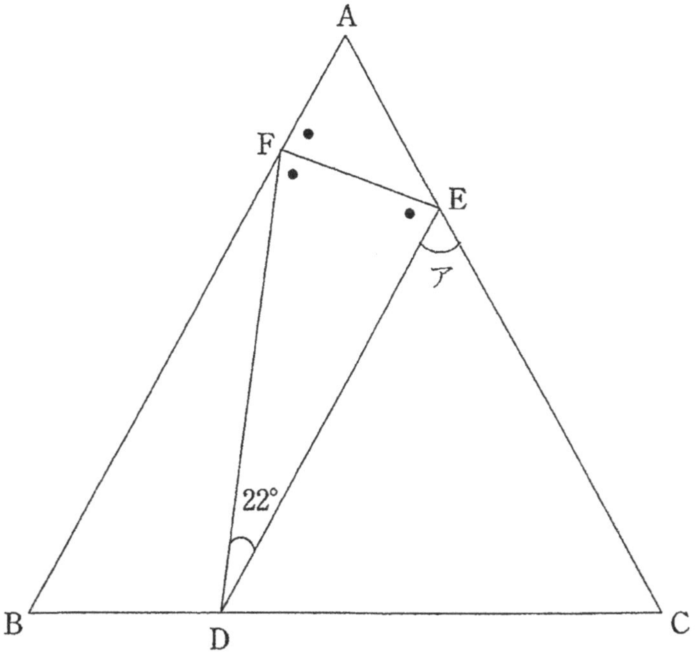

〈　計算用紙　〉

2021(R3) 金光八尾中
K 教英出版

【６】次の１～５の(　　　)内に，日本語の意味になるようにア～オの単語や語句を並べ替えて入れなさい。そして，(　①　)と(　②　)にくる語を，それぞれア～オの記号で答えなさい。ただし，文頭に来る語も小文字で示してあります。

1　私たちはときどき自分の部屋を掃除します。
(　　　)(　①　)(　　　)(　②　)(　　　).
ア clean　　イ our　　ウ room
エ sometimes　　オ we

2　北海道は雪まつりで有名です。
Hokkaido (　　　)(　①　)(　　　)(　②　)(　　　).
ア festival　　イ famous　　ウ for
エ is　　オ the snow

3　私は放課後、本を読んで楽しみます。
I (　　　)(　①　)(　　　)(　②　)(　　　).
ア after　　イ books　　ウ enjoy
エ reading　　オ school

4　あなたのお父さんは今どこで働いていますか。
(　　　)(　①　)(　　　)(　②　)(　　　) now?
ア father　　イ is　　ウ where
エ working　　オ your

5　今朝は晴れていません。
(　　　)(　①　)(　　　)(　②　)(　　　) morning.
ア is　　イ it　　ウ not
エ this　　オ sunny

【５】次の１～４の質問を英語ですることにしました。例題にならって，そのとき必要となる語句を前半のア～ウから１つ，後半のア～ウから１つ，それぞれ選んで英文を正しく書きなさい。

例題：彼は上手にテニスをすることができますか。

【前半】	【後半】
ア　Can he play	ア　tennis fast?
イ　Do you play	イ　tennis early?
ウ　Does she play	ウ　tennis well?

正解：Can he play tennis well?

1　何曜日に音楽の授業がありますか。

【前半】	【後半】
ア　What date do you do	ア　badminton lessons?
イ　What day do you have	イ　music lessons?
ウ　What day do you meet	ウ　piano lessons?

2　毎朝、朝食を食べますか。

【前半】	【後半】
ア　Do you have	ア　bread in the morning?
イ　Do you help	イ　breakfast every week?
ウ　Do you take	ウ　breakfast every morning?

3　日曜日は何時に起きますか。

【前半】	【後半】
ア　How many times	ア　do you get up on Sunday?
イ　What date	イ　do you open on Sunday?
ウ　What time	ウ　do you walk on Saturday?

4　あなたのお兄さんはどうやって学校に行きますか。

【前半】	【後半】
ア　How do	ア　your brother go to school?
イ　How does	イ　your brother goes to school?
ウ　How is	ウ　you go to school?

（5） 図１から図３のうち，観測した日の東京の南中高度を表す角度はどれですか。次の①から⑥より１つ選び，番号で答えなさい。

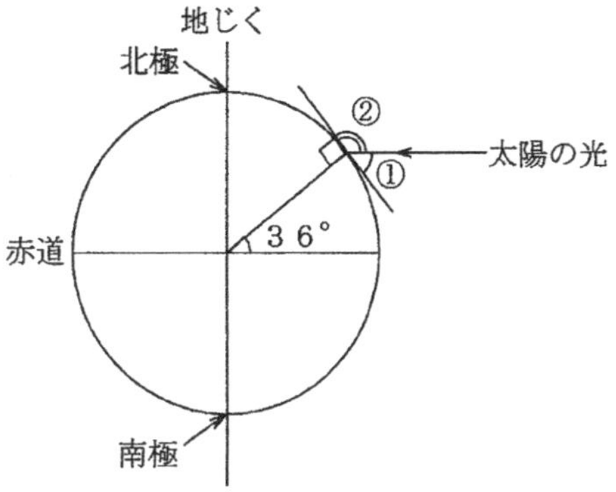

図１

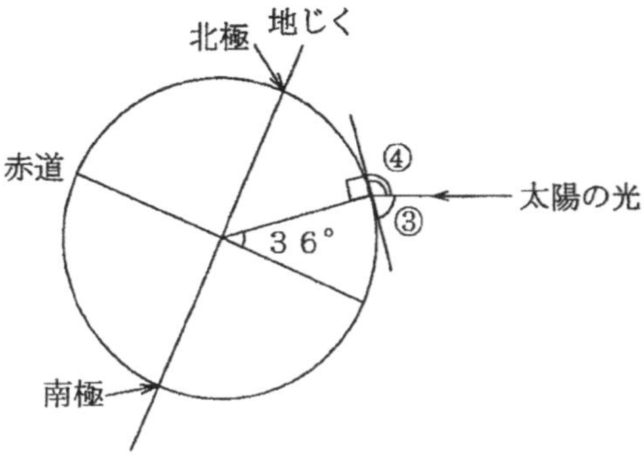

図２

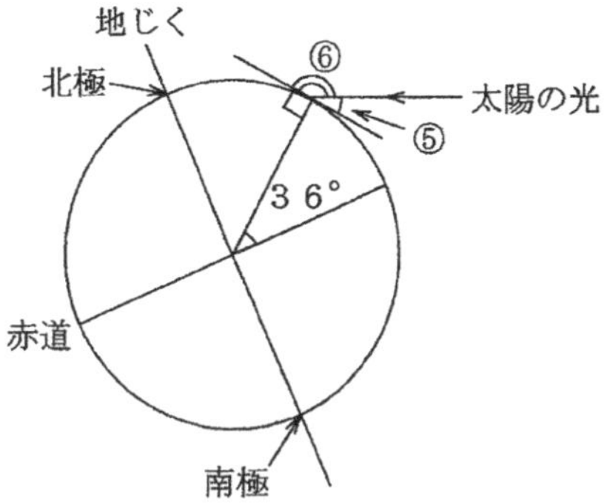

図３

（6） 観測した日から１か月後，各都市の南中高度はどのように変化しますか。次の①から④より１つ選び，番号で答えなさい。

① すべての都市で南中高度は高くなる。
② すべての都市で南中高度は低くなる。
③ すべての都市で南中高度は変化しない。
④ 都市によって高くなったり低くなったりする。

4 ６月２１日に日本の各都市で，太陽の南中時刻と南中高度を調べました。下の表はその結果をまとめたものです。あとの(1)から(6)の各問いに答えなさい。

表

都市	南中時刻	南中高度
東京（東経１４０度　北緯３６度）	午前１１時４０分	７７．４度
鳥取（東経１３４度　北緯３６度）	午後０時０４分	７７．４度
秋田（東経１４０度　北緯４０度）	午前１１時４０分	７３．４度
那覇（東経１２８度　北緯２６度）	A	B

（1） 表の結果からわかることについて述べた次の文中の［ア］から［ウ］に当はまる数字を答えなさい。

「東京と鳥取の経度を比べることによって，経度が６度ちがうと，南中時刻は［ア］分変わることがわかる。つまり，経度が１度ちがうと，南中時刻は［イ］分変わることがわかる。
東京と秋田の緯度を比べることによって，緯度が４度ちがうと，南中高度は［ウ］度変わることがわかる。」

（2） 表のAの南中時刻は何時何分ですか。解答らんにある午前，午後については，正しいほうを○で囲みなさい。

（3） 表のBの南中高度は何度ですか。

（4） 観測した日は，１年のうちで日の出から日の入りまでの時間がもっとも長い日です。この日を何といいますか。

（1） 文中の下線部の工夫として適切なものを，次の①から④より１つ選び，番号で答えなさい。

① 部屋を暗くして，光が全く入らないようにする。
② ライトなどを用いて，もっと強い光を当てる。
③ 十分に水で湿《しめ》らせた脱脂《だっし》綿を種子の下にしく。
④ はじめに，容器内にストローで息を十分にふきこんでおく。

（2） 室温を２０℃で一定に保って実験した理由として適切なものを，次の①から⑤より２つ選び，番号で答えなさい。

① ２０℃前後が，この種子の発芽に適した温度だから。
② 水酸化ナトリウム水溶液は，低温になると二酸化炭素を全く吸収しなくなるから。
③ 室温の変化で容器内の空気がふくらんだりちぢんだりすると，正確な結果にならないから。
④ 室温が変化すると，容器内の空気に含まれる酸素の割合が大きく変わるから。
⑤ ２０℃前後のとき，光合成のはたらきがもっともさかんになるから。

（3） 呼吸について説明した次の文中の[ア]と[イ]に適する気体の名称を答えなさい。

「生物は呼吸によって，吸いこむ空気の中から[ア]を吸収し，はき出す空気とともに[イ]をからだの外へ排出する。」

（4） 装置Aでは，容器内の気体が何cm^3少なくなりましたか。

（5） 装置Bの種子が吸収した（3）の[ア]の気体の体積は何cm^3ですか。

（6） 装置Aの種子が排出した（3）の[イ]の気体の体積は何cm^3ですか。

小計

【二】

問一

a

b

c

d

e

問二

12

問三

問四

問五

問六

40

問七

問八

問九

45

問十

2　次の年表をみて，後の問いに答えなさい。

239年	卑弥呼《ひみこ》が中国に使いを送る	……①
	↕ A	
607年	聖徳太子《しょうとくたいし》が寺を建てる	……②
	↕ B	
1183年	源　義　仲《みなもとのよしなか》が平氏をやぶる	……③
	↕ C	
1549年	キリスト教が伝わる	……④
	↕ D	
1623年	徳川家光《とくがわいえみつ》が３代将　軍《しょうぐん》になる	……⑤
	↕ E	
1890年	最初の選挙がおこなわれる	……⑥
	↕ F	
1922年	【　　】社が結成される	……⑦
	↕ G	
1964年	東海道新幹線《しんかんせん》が開通する	……⑧

問１　年表中の①について，卑弥呼が女王として治めていた国の名前を答えなさい。

問２　年表中の②について，聖徳太子が建てたとされる，現存《げんぞん》する最古の木造建築の寺の名前を，（ア）～（エ）より１つ選び，記号で答えなさい。

（ア）唐招提寺《とうしょうだいじ》　（イ）東大寺《とうだいじ》
（ウ）法隆寺《ほうりゅうじ》　（エ）龍安寺《りょうあんじ》

問３　年表中の③について，この戦いを倶利伽羅峠《くりからとうげ》の戦いといいます。この戦い以前におこった出来事《できごと》として正しいものを，（ア）～（エ）より１つ選び，記号で答えなさい。

（ア）壇ノ浦《だんのうら》の戦いで平氏が滅《ほろ》ぶ。
（イ）承　久《じょうきゅう》の乱がおこる。
（ウ）平治《へいじ》の乱がおこる。
（エ）北条氏が執権《しっけん》として権力をにぎる。

問４　年表中の④について，この年に鹿児島《かごしま》にやってきたスペイン人の宣教師《せんきょうし》は誰《だれ》ですか。その名前を答えなさい。

問５　年表中の⑤について，徳川家光によって新たに出された武家諸法度《ぶけしょはっと》の内容として正しいものを，（ア）～（エ）より１つ選び，記号で答えなさい。

（ア）酒や茶を買って飲んではならない。
（イ）着物には，麻《あさ》や木綿《もめん》を使うようにし，絹織物《きぬおりもの》を使ってはならない。
（ウ）刀，弓，やり，鉄砲《てっぽう》，そのほかの武器を持ってはならない。
（エ）大名は江戸に１年おきに参勤《さんきん》しなければならない。

問６　年表中の⑥について，この選挙で投票が認《みと》められた有権者《ゆうけんしゃ》の条件として正しいものを，（ア）～（エ）より１つ選び，記号で答えなさい。

（ア）国税15円以上納めている満25才以上の男子
（イ）国税15円以上納めている満25才以上の男女
（ウ）満20才以上の男子
（エ）満20才以上の男女

問７　年表中の⑦の【　　】には，差別をなくすためにつくられた団体の名前が入ります。その名前を漢字で答えなさい。

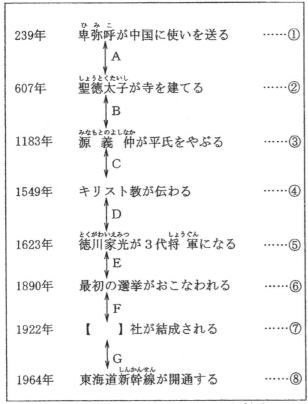

問８　年表中の⑧について，同じ年におこった出来事として正しいものを，（ア）～（エ）より１つ選び，記号で答えなさい。

（ア）小笠原《おがさわら》諸島が日本に復帰する。
（イ）日韓基本条約が結ばれる。
（ウ）東京オリンピック，パラリンピックが開かれる。
（エ）沖縄が日本に復帰する。

問９　年表中のＡの期間につくられた古墳で，「ワカタケル大王」の名前がきざまれた刀剣《とうけん》が見つかった熊本《くまもと》県の古墳《こふん》の名前を，（ア）～（エ）より１つ選び，記号で答えなさい。

（ア）高松塚《たかまつづか》古墳　（イ）江田船山《えたふなやま》古墳　（ウ）大仙《だいせん》古墳　（エ）藤ノ木《ふじのき》古墳

問10　年表中のＢの期間中，朝廷に税を納めるさいに，木に文字などを書いた荷札《にふだ》が使われました。この荷札のことを何といいますか。その名前を答えなさい。

問11　年表中のＣの期間の農業の説明として間違っているものを，（ア）～（エ）より１つ選び，記号で答えなさい。

（ア）油かすや干したイワシなどを肥料《ひりょう》として使用した。
（イ）稲をかり取ったあとに麦などを作る二毛作が広まった。
（ウ）馬や牛にすきを引かせて農地を深く耕《たがや》した。
（エ）その土地に適《てき》した稲の品種を選んで，生産量を増やした。

問12　年表中のＤの期間に，日本でおきた次の出来事を年代順に並《なら》べかえたとき，正しい順番《じゅんばん》を，（ア）～（カ）より１つ選び，記号で答えなさい。

（ａ）長篠《ながしの》の戦いがおこる。　（ｂ）関ヶ原《せきがはら》の戦いがおこる。　（ｃ）桶狭間《おけはざま》の戦いがおこる。

（ア）a→b→c　（イ）a→c→b　（ウ）b→a→c
（エ）b→c→a　（オ）c→a→b　（カ）c→b→a

問13　年表中のＥの期間に活躍《かつやく》した佐原《さわら》（千葉県）の商人で，江戸幕府の命令を受けて全国を測量《そくりょう》して歩き，日本地図の作製《さくせい》にたずさわった人物は誰ですか。その人物名を答えなさい。

問14　年表中のＦの期間に活躍した人物と，その説明として間違っているものを，（ア）～（エ）より１つ選び，記号で答えなさい。

（ア）小村寿太郎《こむらじゅたろう》　－　日露《にちろ》戦争でのロシアとの講和《こうわ》条約で，全権大使を担《にな》った。
（イ）東郷平八郎《とうごうへいはちろう》　－　日本海海戦でロシアの大艦隊《だいかんたい》を打ち破った。
（ウ）与謝野晶子《よさのあきこ》　－　戦場にいる弟を心配して「君死にたまうことなかれ」をよんだ。
（エ）西郷隆盛《さいごうたかもり》　－　士族《しぞく》たちを率いて西南戦争をおこした。

問15　年表中のＧの期間におきた太平洋戦争での，日本の同盟《どうめい》国として正しいものを，（ア）～（エ）より１つ選び，記号で答えなさい。

（ア）中国　（イ）ドイツ　（ウ）イギリス　（エ）アメリカ

3　次の文を読んで，後の問いに答えなさい。

①日本国憲法では，天皇を日本国および日本国民統合の【　A　】と定《さだ》めています。国民主権のもとでは，天皇は国の政治についての権限《けんげん》をもたず，②憲法で定められた仕事を行います。
　また，憲法では，すべての人が生まれながらにして自由で平等であることや，だれもが幸せにくらす権利を③基本的人権として国民に保障《ほしょう》しています。④私たちがよりよい生活を営《いとな》むためには⑤国や地方の政治に任せるだけでなく，私たち一人一人も憲法にかかげられた理想の実現に向けて，おたがいの人権を尊重《そんちょう》し合う社会をつくる努力をしていくことが大切です。
　憲法には，いろいろな権利だけではなく，国民に対して，子どもに教育を受けさせる義務，【　B　】義務，税金を納《おさ》める義務の三つの義務についても定めています。

問1　文中の【　A　】・【　B　】に入る語句を答えなさい。

問2　下線部①について，憲法第41条には国会の役割《やくわり》について書かれています。【　　】にあてはまる語句として正しいものを，（ア）～（エ）より1つ選び，記号で答えなさい。

国会は，【　　】をつくることができる，日本でただ一つの機関である。

（ア）条約　　（イ）憲法　　（ウ）法律　　（エ）予算《よさん》

問3　下線部②について，憲法で定められた天皇の仕事を何といいますか。その名前を答えなさい。

問4　下線部③について，基本的人権の説明として間違っているものを，（ア）～（エ）より1つ選び，記号で答えなさい。

（ア）居住《きょじゅう》・移転《いてん》と職業《しょくぎょう》を選ぶ自由が認められている。
（イ）争いごとや犯罪《はんざい》が起こったときに，裁判《さいばん》を受ける権利が保障されている。
（ウ）すべての国民は法の下に平等であることが保障されている。
（エ）自分自身の個人的《こじんてき》な情報《じょうほう》を守るために，知る権利が認められている。

問5　下線部④について，すべての人がよりよい生活を送るための取り組みを説明したX・Yの文について，両方とも正しければ（ア），Xが正しくYが間違っていれば（イ），Xが間違いでYが正しければ（ウ），両方とも間違っていれば（エ）と答えなさい。

X．子育てや高齢《こうれい》者の介護《かいご》のために，仕事を休んだり，時間短縮《たんしゅく》して働いたりすることができる育児・介護休業法が定められている。
Y．障がいのある人や高齢者が生活を送るうえで，さまたげになるものを取り除《のぞ》くことを「ユニバーサルデザイン」という。

問６　下線部④について，日本では，社会保障の取り組みの充実《じゅうじつ》が求められています。現在問題となっている，人口の減少《げんしょう》が暮らしにおよぼす影響《えいきょう》として間違っているものを，（ア）～（エ）より１つ選び，記号で答えなさい。

（ア）学校や病院が地域から減っていく。
（イ）地方自治体や国の，税金《ぜいきん》による収入が増えていく。
（ウ）高齢者だけの世帯《せたい》が増えていく。
（エ）商品を買う人が減り，産業がおとろえていく。

問７　下線部⑤について，国や地方の政治に関しての説明として正しいものを，（ア）～（エ）より１つ選び，記号で答えなさい。

（ア）国民は知事を直接選べるが，内閣《ないかく》総理大臣を直接選ぶことはできない。
（イ）衆議院・参議院ともに25才以上であれば立候《りっこう》補《ほ》できる。
（ウ）国から地方自治体への補助《ほじょ》金は認められていない。
（エ）条約《じょうやく》を結ぶ場合には，地方議会の承認が必要である。

〔　問題は以上　〕

令和３年度　金光八尾中学校　学力検査問題　算数　解答用紙

受験番号	

得点合計
※100点満点 （配点非公表）

1	(1)		(2)		(3)		(4)		(5)		小計

2	(1)		(2)		(3)		(4)		(5)		小計

3	(1)		(2)	辺	(3)				小計

【解答用

受験番号

令和3年度　金光八尾中学校　学力検査問題　英語　解答用紙

合計

※50点満点
(配点非公表)

【1】

1　2　3　4

小計

【2】

1　2

3　4

小計

【3】

1　2　3　4

小計

【4】

1　2　3　4

小計

【解答用

2)

受験番号	

令和３年度　金光八尾中学校　学力検査問題　理科　解答用紙

得点
※50点満点 (配点非公表)

1

(1)	ア	イ	ウ
(2)		(3)	左（　　　）個　右（　　　）個
(4)	個分		
(5)	ア	イ	ウ

小計

2

(1)	性		
	A	B	C

小計

【解答用紙

令和　3　年度　金光八尾中学校　学力検査問題　　社会

解　答　用　紙

受験番号

合計
※50点満点 (配点非公表)

1

問 1		問 2		問 3	
問 4		問 5		問 6	
問 7	山脈	問 8		問 9	
問10		問11		問12	
問13		問14		問15	

小計

6)

2

問 1		問 2		問 3	
問 4		問 5		問 6	
問 7	社	問 8		問 9	
問10		問11		問12	
問13		問14		問15	

小　計

3

問 1	【A】		【B】		
問 2		問 3		問 4	
問 5		問 6		問 7	

小　計

	D		E		F
（3）		（4）		（5）	

3

（1）		（2）			
（3）	ア		イ	（4）	cm³
（5）	cm³	（6）	cm³		

小　計

4

（1）	ア		イ		ウ
（2）	午前 午後 （　　）時 （　　）分			（3）	度
（4）		（5）		（6）	

小　計

【5】

1

2

3

4

小　計

【6】

1

①	②

2

①	②

3

①	②

4

①	②

5

①	②

小　計

4	(1)	km	(2)	分速 m	(3)	時 分	(4)	分速 m
5	(1)	面積 cm^2 / 周りの長さ cm	(2)	ア 度 / DF cm				
6	(1)	人	(2)	人	(3)	① / ② か所		

小計

小計

小計

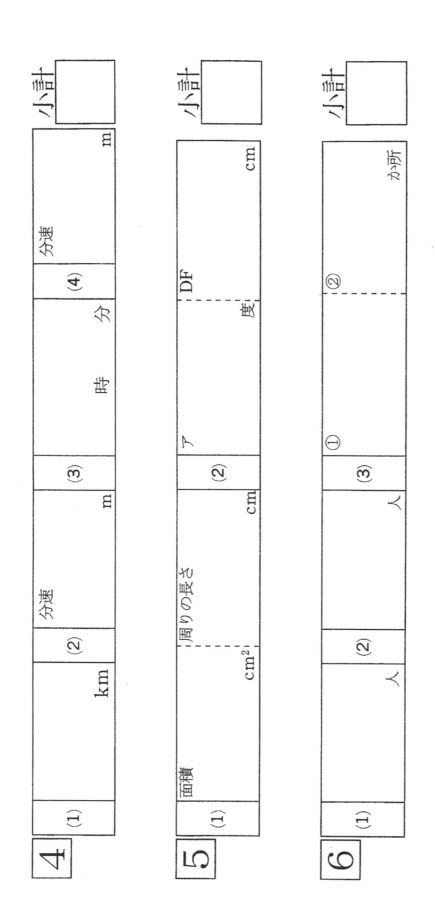

令和三年度　金光八尾中学校　学力検査問題　国語　解答用紙

受験番号

小計

得点

※100点満点
（配点非公表）
点

【二】

問一
a
b
c
d
e

問二
X
Y

問三

問四

問五
こと。

問六

問七

問八

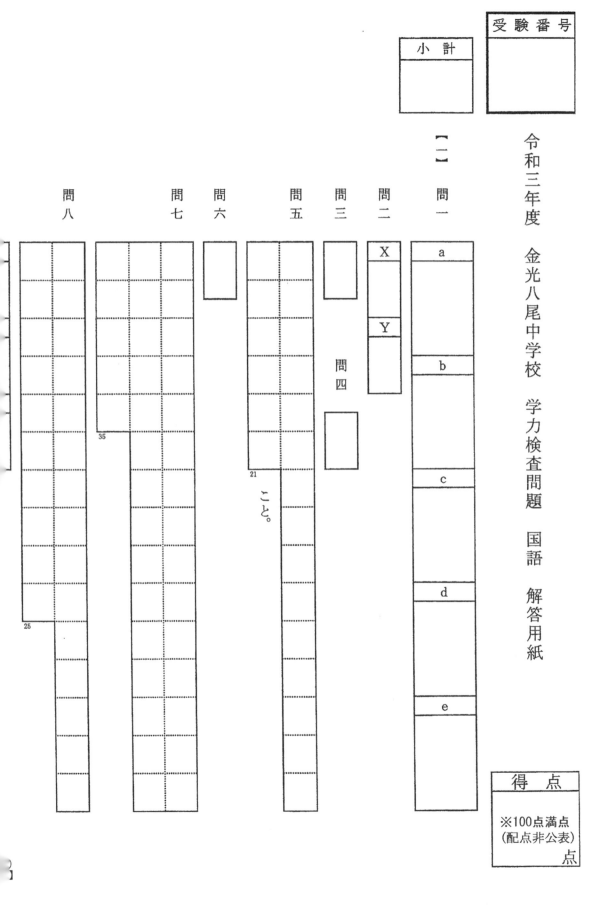

問11　〔地図Ⅱ〕中の⑪の県にある世界遺産《いさん》として正しいものを，（ア）～（エ）より１つ選び，記号で答えなさい。

（ア）厳島《いつくしま》神社　　（イ）白川郷《しらかわごう》の合掌造《がっしょうづく》り集落

（ウ）石見《いわみ》銀山　　（エ）富岡製糸場《とみおかせいしじょう》

問12　〔地図Ⅱ〕中の⑫の県の工業について説明した文として正しいものを，（ア）～（エ）より１つ選び，記号で答えなさい。

（ア）1960年ごろに，工場排水《はいすい》にふくまれる物質《ぶっしつ》が原因《げんいん》で公害が発生した。

（イ）原料のほとんどを国内で仕入れることができる，石油化学工業が発達《はったつ》している。

（ウ）働く人の数が300人未満《みまん》の中小工場の割合《わりあい》が，日本で最も高い。

（エ）となりの⑩の県とともに，工業生産額が日本最大の中京工業地帯《ちたい》を形成している。

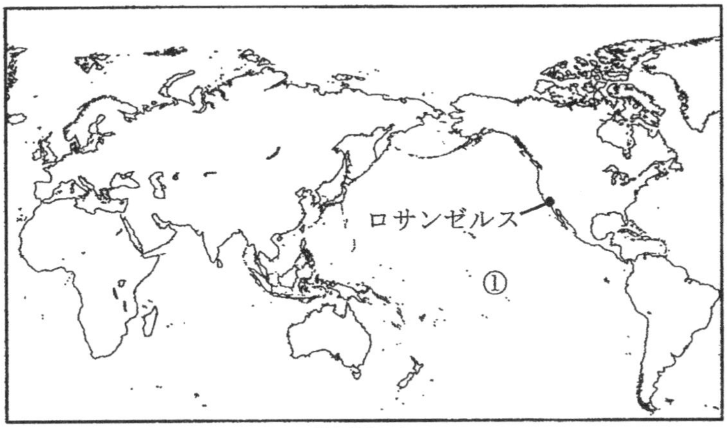

〔地図Ⅲ〕

問13　〔地図Ⅲ〕中の①の大洋を何といいますか。その名前を漢字で答えなさい。

問14　〔地図Ⅲ〕中のロサンゼルスの緯度《いど》・経度《けいど》に最も近いものの組み合わせとして正しいものを，（ア）～（エ）より１つ選び，記号で答えなさい。

（ア）北緯30度　東経120度　　（イ）北緯30度　西経120度

（ウ）南緯30度　東経120度　　（エ）南緯30度　西経120度

問15　地球全体で陸地がしめる割合に最も近いものを，（ア）～（エ）より１つ選び，記号で答えなさい。

（ア）30%　　（イ）40%　　（ウ）50%　　（エ）60%

問５　下の図は〔地図Ⅰ〕中の旭川《あさひかわ》市と〔地図Ⅱ〕中の能代《のしろ》市，石巻《いしのまき》市の気温と降水量《こうすいりょう》のグラフです。グラフと都市名の組み合わせとして正しいものを，（ア）～（カ）より１つ選び，記号で答えなさい。

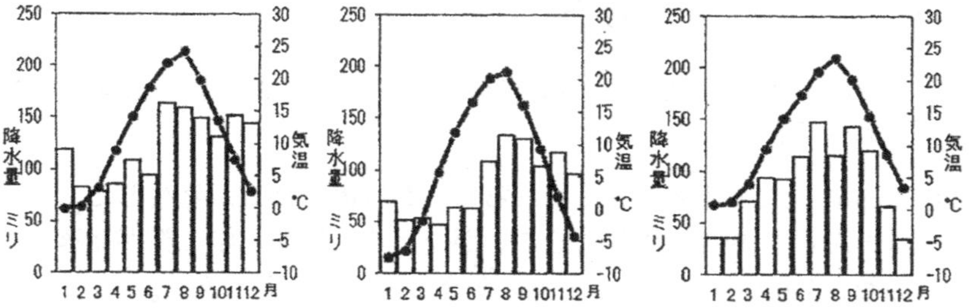

A　　B　　C

気象庁「過去の気象データ」より作成
統計値は1981～2010年の平年値

（ア）Ａ－旭川市　Ｂ－能代市　Ｃ－石巻市　　（イ）Ａ－旭川市　Ｂ－石巻市　Ｃ－能代市
（ウ）Ａ－能代市　Ｂ－旭川市　Ｃ－石巻市　　（エ）Ａ－能代市　Ｂ－石巻市　Ｃ－旭川市
（オ）Ａ－石巻市　Ｂ－旭川市　Ｃ－能代市　　（カ）Ａ－石巻市　Ｂ－能代市　Ｃ－旭川市

問６　〔地図Ⅱ〕中の⑤の県は米の生産がさかんな県です。米の生産と消費《しょうひ》について説明したＸ・Ｙの文について，両方《りょうほう》とも正しければ（ア），Ｘが正しくＹが間違《まちが》っていれば（イ），Ｘが間違いでＹが正しければ（ウ），両方とも間違っていれば（エ）と答えなさい。

Ｘ．1970年ごろから，食生活の変化によって米の消費量が増加したため，政府は生産調整《ちょうせい》を行って米の生産量を増加させてきた。

Ｙ．米は主食として消費されるほか，おかしや酒，みりんや酢《す》などの調味料《ちょうみりょう》に加工されて消費されている。

問７　〔地図Ⅱ〕中の⑥の▬▬で示した，北アルプスとも呼ばれる山脈《さんみゃく》の名前を答えなさい。

問８　〔地図Ⅱ〕中の⑦と⑧の県の県庁所在地名《けんちょうしょざいちめい》の組み合わせとして正しいものを，（ア）～（エ）より１つ選び，記号で答えなさい。

（ア）⑦：前橋《まえばし》市　⑧：宇都宮《うつのみや》市　　（イ）⑦：前橋市　⑧：甲府《こうふ》市
（ウ）⑦：水戸《みと》市　⑧：宇都宮市　　（エ）⑦：水戸市　⑧：甲府市

問９　〔地図Ⅱ〕中の⑨の東京都には330もの島があります。東京都にふくまれる島についての説明として正しいものを，（ア）～（エ）より１つ選び，記号で答えなさい。

（ア）南鳥島《みなみとりしま》は日本の東のはしの島である。
（イ）与那国島《よなぐにじま》は日本の西のはしの島である。
（ウ）石垣島《いしがきじま》は日本の南のはしの島である。
（エ）沖ノ鳥島《おきのとりしま》は日本の北のはしの島である。

問10　〔地図Ⅱ〕中の⑩の県にある名古屋港は，輸出額《ゆしゅつがく》が日本で最大の貿易港です。日本は工業製品の輸出がさかんな国ですが，その一方で輸入《ゆにゅう》国との間で争《あらそ》いが発生したこともあります。輸出国と輸入国の間で起こる，貿易に関する争いを何といいますか。その名前を答えなさい。

1 次の〔地図Ⅰ〕〔地図Ⅱ〕〔地図Ⅲ〕をみて，後の問いに答えなさい。

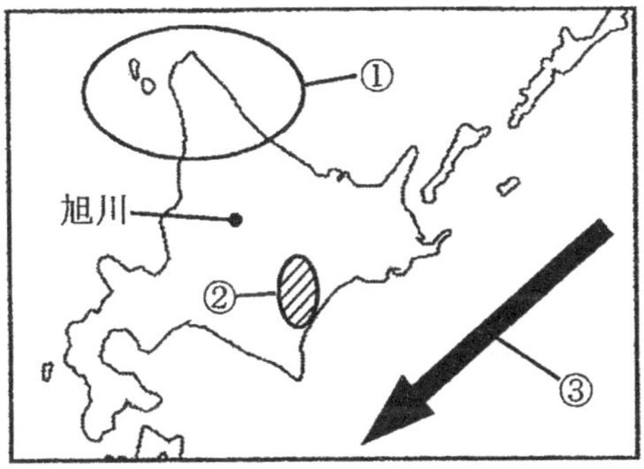

〔地図Ⅰ〕

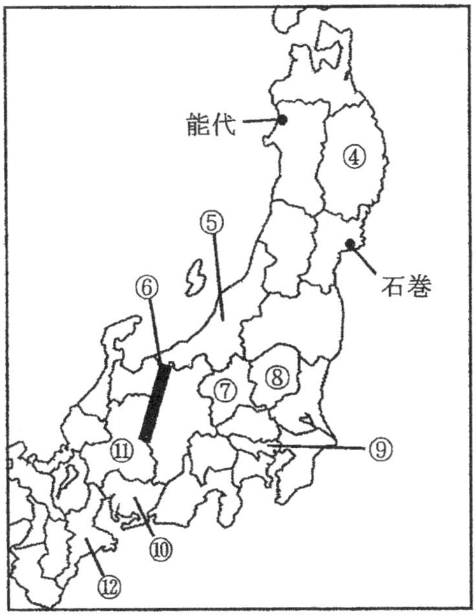

〔地図Ⅱ〕

問１　〔地図Ⅰ〕中の①ので示した，宗谷岬《そうやみさき》のまわりの海の特徴《とくちょう》について説明した次の文章の２つの【　】に共通《きょうつう》してあてはまる語句を答えなさい。

宗谷岬のまわりの海は，日本海を北上してきた暖流《だんりゅう》と，オホーツク海からの寒流《かんりゅう》や【　　】が流れこむことで，ほたてやかに，こんぶなどのとれる豊かな漁場《ぎょじょう》です。２月から３月にかけての時期は，海が【　　】におおわれるので漁ができません。

問２　〔地図Ⅰ〕中の②のは北海道の中でも特に小麦の栽培《さいばい》がさかんな地域です。右のグラフの（ア）～（エ）は，小麦，米，野菜，肉類の食料自給率《じきゅうりつ》の移り変わりを表したものです。小麦の自給率を表したものを，（ア）～（エ）より１つ選び，記号で答えなさい。

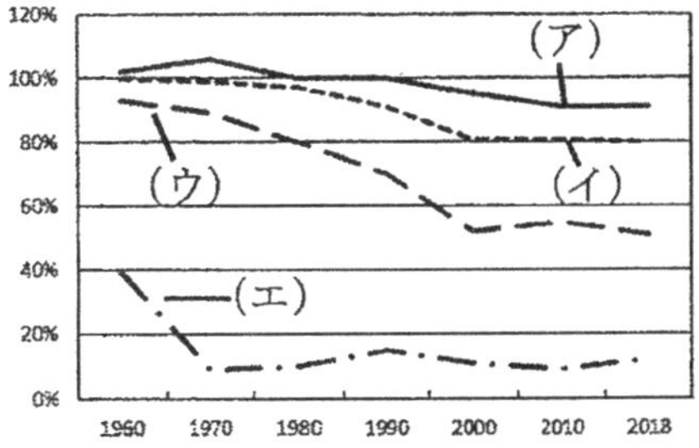

農林水産省「食料需給表」より作成

問３　〔地図Ⅰ〕中の③ので示した海流にのって，日本の近くにやってくる魚として正しいものを，（ア）～（エ）より１つ選び，記号で答えなさい。

（ア）まぐろ　　（イ）さんま　　（ウ）たい　　（エ）うなぎ

問４　〔地図Ⅱ〕中の④の県は，2011年の東日本大震災《しんさい》で大きな被害《ひがい》を受けました。地震《じしん》の後に発生し，海沿いの広い地域《ちいき》で多くの犠牲者《ぎせいしゃ》を出すなど，大きな被害をもたらした自然災害を何といいますか。その名前を答えなさい。

受　験　番　号

令和３年度

金光八尾中学校　　学力検査問題

社　　会

(30分)

(問題は1ページから７ページまで)

1　図１のように，８４ｃｍの棒の左端《はし》と右端におもりをつるして，棒のどの位置をひもで支えればつりあうかを調べる実験を行いました。実験はおもりの個数をいろいろ変えて行い，下の表のような結果になりました。表のひもの位置は，棒の左端からの長さを表しています。あとの（１）から（５）の各問いに答えなさい。ただし，棒の重さは考えないものとします。

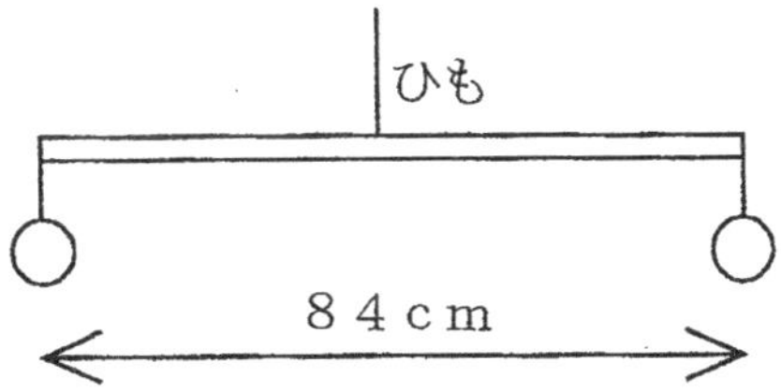

図１

表

左のおもりの数〔個〕	１	１	２	２	３
右のおもりの数〔個〕	１	２	２	１	４
ひもの位置　〔ｃｍ〕	４２	ア	４２	イ	ウ

（１）　表のアからウに当てはまる数字を答えなさい。

（２）　実験結果の表から，左右のおもりの個数とひもの位置について，どのような関係があることがわかりますか。次の①から④より２つ選び，番号で答えなさい。

①　左のおもりの個数×ひもの位置＝右のおもりの個数×（８４ｃｍ－ひもの位置）
②　左のおもりの個数×（８４ｃｍ－ひもの位置）＝右のおもりの個数×ひもの位置
③　左のおもりの個数÷右のおもりの個数＝ひもの位置÷（８４ｃｍ－ひもの位置）
④　左のおもりの個数÷右のおもりの個数＝（８４ｃｍ－ひもの位置）÷ひもの位置

（３）　棒の左右におもりをいくつかつるして，ひもの位置を１２ｃｍにして棒を支えると，つりあいました。左右のおもりの個数をそれぞれ答えなさい。ただし，最も少ない個数の組み合わせを答えるものとします。

（４）　左に３個，右に４個のおもりをつるしたとき，ひもにはおもり何個分の重さがはたらいていますか。

（5） 図２のように，左に３個，棒の真ん中に２個，右に１個のおもりをつるしたとき，つりあうひもの位置について述べた次の文中の［ア］から［ウ］に当てはまる数字を答えなさい。

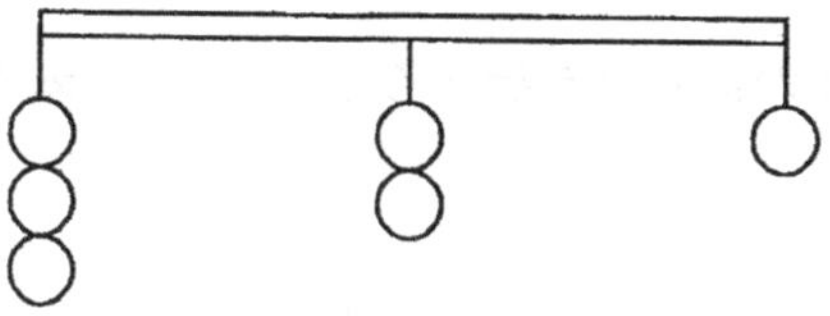

図２

「真ん中の２個と右の１個のおもりは，棒の左端から［ア］ｃｍの位置に［イ］個つるすのと同じことになる。これと左の３個のおもりとのつりあいを考えればよいので，つりあうひもの位置は，左端から［ウ］ｃｍとわかる。」

2　６種類の気体Ａから気体Ｆについて，次のような実験を行いました。これについて，あとの(１)から(５)の各問いに答えなさい。ただし，６種類の気体は，二酸化炭素，ちっ素，酸素，水素，アンモニア，二酸化いおうのいずれかであることがわかっています。

＜実験１＞　６種類の気体のにおいを調べると，気体Ｂと気体Ｆには鼻をさすようなにおいがあった。

＜実験２＞　６種類の気体に火のついた線香を近づけると，気体Ａでは，音をたてて気体が燃えた。気体Ｄでは，線香が明るい炎を出して燃えた。

＜実験３＞　石灰水に６種類の気体をそれぞれ通すと，気体Ｅを通したときだけ石灰水が白くにごった。

＜実験４＞　緑色のＢＴＢ溶《よう》液を加えた水に６種類の気体をそれぞれ通すと，気体Ｂを通したときは水溶液が青色になり，気体Ｅ，気体Ｆを通したときは水溶液がどちらも黄色になった。

（１）　実験の結果から，気体Ｅ，気体Ｆのとけた水溶液は何性であることがわかりますか。

（２）　気体Ａから気体Ｆの名称をそれぞれ答えなさい。

（３）　気体Ｄについて述べたものはどれですか。次の①から⑥より１つ選び，番号で答えなさい。

①　空気中に約２０％含《ふく》まれている。
②　水でぬらした青色リトマス紙を赤色に変える。
③　炭酸水に含まれている。
④　水にひじょうに溶けやすい。
⑤　空気中に約８０％含まれている。
⑥　水に溶《と》けやすく空気よりも重いので，下方置換法で集める。

（4） 気体Eを発生させるにはどのようにすればよいですか。次の①から⑤より１つ選び，番号で答えなさい。

① 二酸化マンガンにオキシドールを加える。
② 石灰石に塩酸を加える。
③ 二酸化マンガンに塩酸を加える。
④ 塩化アンモニウムと水酸化カルシウムを混ぜて加熱する。
⑤ 亜鉛に塩酸を加える。

（5） ドライアイスは６種類の気体のうち，どの気体が固体に変化したものですか。気体の名称を答えなさい。

3 種子が発芽するときの呼吸について調べるため，次のような実験を行いました。あとの(１)から(６)の各問いに答えなさい。

＜実験＞ 次の図のような実験装置を２つ用意し，装置内のビーカーには，装置Ａでは水を入れ，装置Ｂでは空気中の二酸化炭素を吸収するはたらきがある水酸化ナトリウム水溶液を入れました。これらの装置にほぼ同じ大きさの種子を３個ずつ入れて，室温を２０℃に保った部屋に数日置いて様子をみましたが，どちらも発芽しませんでした。そこで，装置Ａ，装置Ｂにそれぞれ工夫を加えると，種子は発芽しました。その際，容器内の気体が減ったことによってガラス管（断面積０．６ｃｍ^2）の中の赤インクが右に移動しました。赤インクがどれだけ右に移動したかを調べ，結果を次の表にまとめました。

なお，実験は２月上旬（平均気温６℃前後）に行いましたが，５月下旬から６月上旬（平均気温２０℃前後）に種まきをする種子を使用しています。また，装置Ａ，装置Ｂで３個の種子が呼吸で吸収する気体と排《はい》出する気体の体積は，それぞれ同じになると考えます。

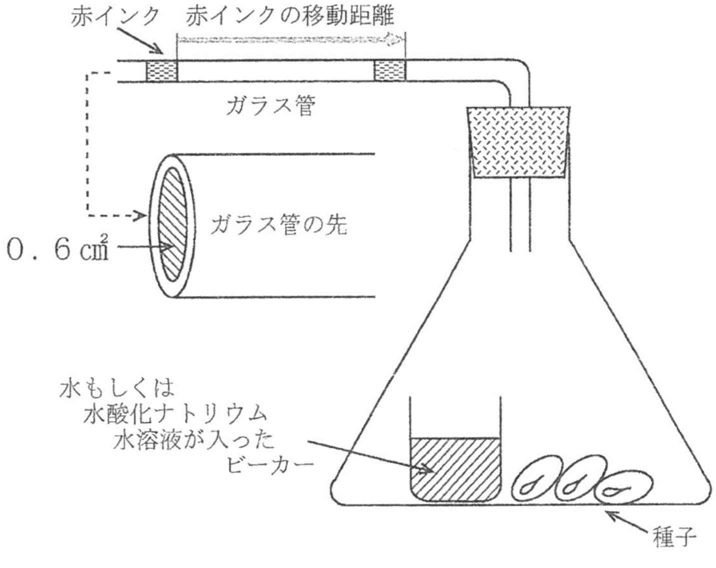

表

装　置	装置Ａ	装置Ｂ
赤インクの移動距離	２㎝	１０㎝

受　験　番　号

令和３年度

金光八尾中学校　　学力検査問題

理　　科

(30分)

(問題は１ページから８ページまで)

【４】次の１～４の対話文の(　　　)内に入る最も適当なものを，ア～エからそれぞれ１つずつ選び，記号で答えなさい。

1　A：(　　　)
　B：Yes, I do.
　ア　Do you like baseball?　　イ　How are you?
　ウ　How do you spell your name?　　エ　When is your birthday?

2　A：Is that your father?
　B：(　　　)
　ア　Yes, he does.　　イ　Yes, she is.
　ウ　No, it isn't.　　エ　No, I'm not.

3　A：Please pass me the salt.
　B：(　　　)
　A：Thank you.
　ア　I like salt.　　イ　Here you are.
　ウ　Is this mine?　　エ　Nice to meet you.

4　A：(　　　) is this notebook?
　B：Mine.
　ア　How　　イ　What
　ウ　Who　　エ　Whose

【3】次の1～4の英文の(　　　)内に入る最も適当なものを，ア～エからそれぞれ1つずつ選び，記号で答えなさい。

1　March is the (　　　) month of the year.
ア eleventh　　イ second　　ウ third　　エ twelfth

2　Let's go (　　　) karaoke next Sunday.
ア driving　　イ singing　　ウ shopping　　エ skating

3　I want to play (　　　).
ア artist　　イ fireworks　　ウ calendar　　エ rugby

4　It is very cold and windy.　Please (　　　) the window.
ア close　　イ make　　ウ read　　エ study

【１】(　　) 内の文字をアルファベット順に並べたとき，４番目にくるアルファベットはどれですか。小文字に直して答えなさい。

1　(C　A　E　B　D)

2　(Z　X　V　Y　W)

3　(J　I　H　K　G)

4　(P　N　Q　O　R)

【２】次の１～４の (　　　) 内にある４つの語句には，意味の上で他と種類の違うものがあります。それぞれ１つずつ選んで書きなさい。

1　(cow　・　elephant　・　horse　・　house)

2　(January　・　Thursday　・　June　・　September)

3　(dancer　・　runner　・　swimming　・　violinist)

4　(grandparent　・　mountain　・　river　・　sea)

受　験　番　号

令和３年度

金光八尾中学校　学力検査問題

英　語

（30分）

（問題は１ページから５ページまで）

1 次の計算をしなさい。

(1) $111-38\div2\times5$

(2) $(38+37)\div5+36$

(3) $42.3\times8-29.8\times8$

(4) $2\frac{1}{3}\div33\times3\frac{1}{7}$

(5) $\left(4\frac{3}{4}+\frac{9}{16}\right)\div1.25-\frac{11}{12}$

2　□にあてはまる数を答えなさい。

(1)　61から□の4倍を引いて，4倍した数は20です。

(2)　10000 cm^3 は□ m^3 です。

(3)　250人の□%は170人です。

(4)　5回のテストの得点は，それぞれ87点，89点，93点，90点，91点でした。5回のテストの得点の平均は□点です。

(5)　100 mを10秒で走る人の速さは時速□kmです。

[3] 次の問いに答えなさい。

(1) A さんと B さんの初めの所持金の比は 3 : 1 でした。2 人とも 3500 円ずつのおこづかいをもらったので，2 人の所持金の比は 19 : 11 になりました。A さんの初めの所持金は何円ですか。

(2) 図 1 の立方体の 6 本の太線の辺と，あと 1 辺を切りはなして，図 2 の展開図をつくりました。どの 1 辺を切りはなしましたか。
(例 : 頂点 A と頂点 B を結んでできる辺を，辺 AB か辺 BA と表します。)

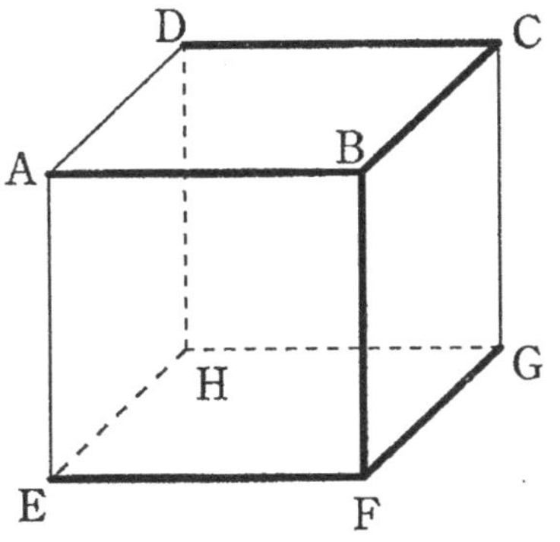

図 1

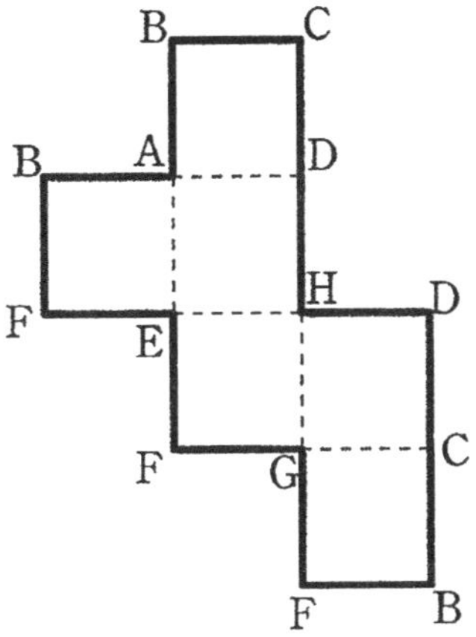

図 2

(3) 9 枚のカード [1]，[2]，[3]，[4]，[5]，[6]，[7]，[8]，[9] を A さん，B さん，C さんに 3 枚ずつ分けたとき，カードに書かれている数の和が全員同じになりました。A さんは [1] と [9]，B さんは [3] のカードをもっているとき，C さんのもっている 3 枚のカードに書かれている数は何ですか。(3 つの数の順番は問いません)

〈　計算用紙　〉

4　たかしさんは，家から 3 km はなれた図書館に本を返しに行きました。家を出発した時刻は 9 時で，歩く速さは分速 40 m でした。また，行く途中雨が降ってきたので，図書館まで走りました。その後，図書館で 10 分間すごしたあと，分速 75 m の速さで家に帰りました。下の図は，時刻と家からたかしさんまでのきょりの様子を表したものです。次の問いに答えなさい。

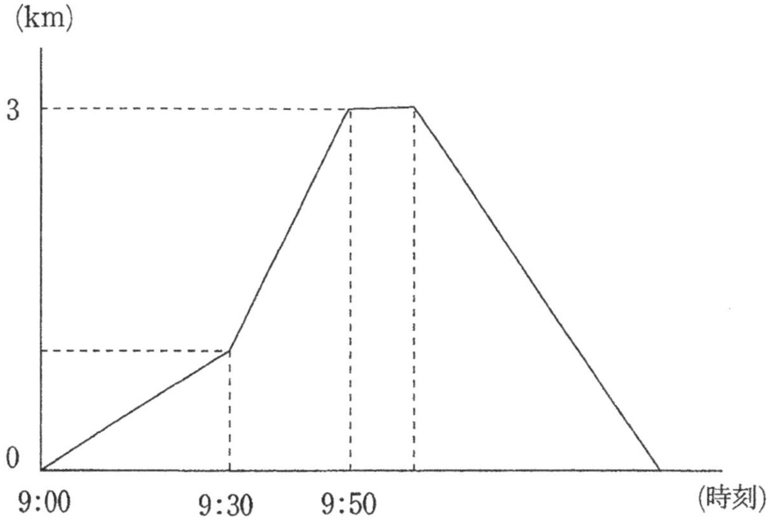

(1)　雨が降ってきたとき，たかしさんは家から何 km の所にいましたか。

(2)　たかしさんの走る速さは分速何 m ですか。

(3)　たかしさんが家に帰ってきたのは，何時何分ですか。

(4)　9 時 40 分にお母さんが家を出発し，一定の速さで図書館に向かうと，家から 1800 m の地点でたかしさんと出会いました。お母さんの速さは分速何 m ですか。

受　験　番　号

令和３年度

金光八尾中学校　　学力検査問題

算　　数

（50分）

（問題は１ページから１０ページまで）

【二】次の文章は宮下奈都《みやしたなつ》さんの『羊と鋼の森』の一場面です。新米ピアノ調律師である「僕《ぼく》」は、先輩《せんぱい》の「柳《やなぎ》さん」とともに依頼《いらい》主《ぬし》の家へ訪れ、ピアノの音をどのようにするか尋《たず》ねました。これにつづく文章を読んであとの問いに答えなさい。（特に指示がない場合、句読点も字数にふくみます）

依頼主は白髪《しらが》のa混じった髪《かみ》に手をやって少し考えているふうだった。

「どちらでもいいのかしら」

彼女《かのじょ》は①おずおずと尋ねた。

「ほんとうにどちらでもいいの？」

「ええ、ほんとうにです。お客様の好きな音にされるのがいちばんです」

柳さんが請《う》け合うと、ようやくほっとしたように微笑《ほほえ》んだ。

「じゃあ、元に戻《もど》すほうでお願いします」

わかりました、と言ってから、柳さんは②思いついたように質問した。

「このピアノはどなたが弾《ひ》かれていましたか」

「娘《むすめ》です。あんまりうまくならないうちに弾かなくなってしまいました。私もお父さんも弾けなかったから、しかたがないのかもしれないですけど」

彼女は小さな声で話を続けた。

「娘が弾いていた頃《ころ》はあんまり手をかけてやれなかったんです。このピアノ、本領を発揮できていなかったんでしょう。もっといい音にできるって言ってくださっているのに、元の音でいいなんて、なんだか申し訳ないわね」

いいえ、と伝えたくて僕も柳さんの陰《かげ》で首を［　A　］に振《ふ》る。どんな音が欲しいかは人それぞれだ。娘さんが弾いていた頃の音色を再現したいと願う気持ちは僕にもわかる気がする。

「では、これから作業に入ります。二時間から三時間ほどかかると思いますので、どうぞこちらにはお気兼《きが》ねなく普段《ふだん》通りにお過ごしください。何かお聞きしたいことが出てきましたら、また声をかけさせていただきます」

柳さんがb目礼し、僕も隣《となり》で頭を下げた。

依頼主がピアノの前を離《はな》れると、柳さんはさっそく作業に取り掛《か》かった。いつものように音を揃《そろ》える調律のほかに、今回は整音もある。ピアノの音色をつくる作業だ。

ずらりと並んだハンマーを枠《わく》ごと取り外す。鍵盤《けんばん》を叩《たた》くと、このハンマーが連動して垂直に張られた弦《げん》を打ち、音が鳴る仕組みになっている。ハンマーは羊毛を固めたフェルトでできていて、これが硬《かた》すぎてもやわらかすぎてもよくない。硬いと③キンキン鳴るし、やわらかいともわっとした音になる。ハンマーの状態を整えるために、目の細かいやすりで削《けず》ったり、針を刺《さ》して弾力《だんりょく》を出したりするのが、整音の決め手になる。

この作業が、肝《きも》だ。決め手になるぶん、難しい。やすりで削るのも、針で刺すのも、わずかな加減なのだ。削るべき、刺すべきポイントがあり、その加減は手で覚えるしかない。つくりたい音のイメージに合わせて、ひとつひとつ状態の異なるピアノの、さらにひとつひとつ異なるハンマーに、やすりをかけ、針を刺していく。手間も時間もかかる作業だ。手元が狂《くる》えば、そのハンマーは台無しになる。神経を使うだろう、と思う半面、楽しいだろう、とも思う。

柳さんの手元を見つめながら、いつかこんなふうに自分で音をつくれたらいいと思う。そのピアノの個性を見極め、弾く人の特性を考慮《こうりょ》し、好みを聞き、音をつくり出す。

柳さんの整音は、c小気味がいい。きらびやかな方向に傾《かたむ》かず、たいていは軽やかな音にまとまる。きっと、調律師の人格も音に影響《えいきょう》するのだろう。

「ああ、いいわねえ」

調律し終わったピアノの音を聞いて依頼主が目を細めた。

「ピアノの音が戻《もど》って、部屋の中が明るくなったみたい」

よろこばれると、うれしい。僕の手柄《てがら》ではないのだけれど。ピアノの音がよくなっただけで人がよろこぶというのは、道端《みちばた》の花が咲《さ》いてよろこぶのと④根源は同じなんじゃないか。自分のピアノであるとか、よその花であるとか、区別なく、いいものがうれしいのは純粋《じゅんすい》なよろこびだと思う。そこに関われるのは、この仕事の魅力《みりょく》だ。

「針、多めに刺してましたね」

店へ戻る車の中で聞いてみた。柳さんは少し疲《つか》れたらしく、助手席でシートに凭《もた》れている。三時間近く集中していたのだから、それも当然だろう。

「ブランクの分、ってことですか」

疲れているのがわかっていて質問するのは心苦しい。でも聞かずにはいられない。ハンドルを握《にぎ》っているけれど、ほんとうはメモを取りたい。柳さんからどれだけのことを教えてもらっているだろうか。

「元に戻すために刺したんですよね。ということは、ハンマーにたくさんの刺し痕《あと》があったということですか。見た目じゃわからなくても、触《さわ》った感覚でわかるものなんですか」

いや、と柳さんはシートに凭れたまま目だけを動かしてこちらを見た。

「あのハンマーヘッド、ぜんぜん刺されてなかったんだよ。⑤年季は入ってるのに、まるで新品。当時の調律師が刺さない人だったんだろうな」

「えっ」

針を刺すか刺さないかは、調律師によって考え方に大きな差がある。キンキン鳴りがちな新品に針を刺すことで、やわらかく豊かな音に育っていく。ただし、勘所《かんどころ》に刺さなければ、いい音が出ないばかりか劣化《れっか》をd招く。手間がかかる上にリスクがあるから、刺さない調律師も多いのだ。

「じゃあ、あのピアノに多めに刺したのはどうしてなんですか」

「そのほうがいい音になるのがわかっていたから」

⑥驚《おどろ》いて柳さんの顔を見ると、事もなげに言った。

「あのまま燻《くすぶ》らせるには惜《お》しいピアノだった。鳴らしてやらなきゃ」

「それじゃ、元の音とは違《ちが》ってしまうんじゃないですか」

「純粋に音だけ取り出して較《くら》べたら、違うだろうな」

でも、依頼主は「元に戻す」ほうを選んだはずだった。

「元の音、っていうのが問題なんだ。あの人の記憶《きおく》の中にある元の音より、記憶そのもののほうが大事なんじゃないか？　小さな娘さんがいてピアノを弾いていた、しあわせな記憶」

しあわせだったとも限らないだろう。だけどたしかに、もしも不幸な思い出ばかりだったなら、わざわざピアノをその頃の音にしようとは考えないに違いない。

「あの人が欲しいのは、忠実に再現されたピアノじゃなくて、しあわせな記憶なんだ。どっちみち元の音なんてもうどこにも存在しない。だったら、あのピアノが本来持っていた音を出してやるのが正解だと俺《おれ》は思う。やさしい音で鳴ったら、⑦記憶のほうがついていくさ」

ハンドルを握って前を見たまま、何も答えられなかった。それを正解としていいのかどうか、僕にはわからない。僕だったらどうするか。依頼通り元に戻すことを最優先したのではないか。でも、元の状態をe尊重するあまり、本来のふくよかな音をよみがえらせるチャンスをみすみす逃《のが》す――そう考えただけで、つらい。

そう、依頼主の想定できる範囲《はんい》内での仕事しかできなかったら、きっとつらいだろう。依頼主の頭の中のイメージを具現化する、その先に、調律師の仕事の⑧醍醐味《だいごみ》が待っているんじゃないか。

（宮下奈都『羊と鋼の森』文藝春秋刊）

問一　二重ぼう線部a～eの漢字の読み方をひらがなに直して書きなさい。

問二　ぼう線部①「おずおずと尋ねた」とありますが、ここでの「依頼主」の気持ちと正反対の気持ちが読み取れる部分を、句読点をふくまずに十二字でぬき出しなさい。

問三　ぼう線部②「思いついたように質問した」とありますが、ここでの「柳さん」の様子として最も適当なものを次のア～オより一つ選び、記号で答えなさい。

ア　家にやってくるなりいきなり仕事に入るのも味気ないので、間をもたせようとしている。
イ　一流の職人のように見せることで、「依頼主」が自分の調律を信用するように試みている。
ウ　何気ない風をよそおって、このあとの調律にとって大切な情報を聞き出そうとしている。
エ　プライベートな質問をすることで調律師に親近感を持ってもらい安心させようとしている。
オ　思ったように話が進まず、空気が悪くなってしまったので、話題をかえようとしている。

問四　空らん［　Ａ　］にあてはまることばを漢字一字で答えなさい。

問五　ぼう線部③「キンキン」と同じ種類ではない表現を次のア～オより一つ選び、記号で答えなさい。

ア　昼過ぎから、雨がざあざあ降っている。
イ　たくさん動いておなかがぺこぺこになる。
ウ　小さな子どもが紙をびりびり破った。
エ　教室のドアをとんとんたたいている。
オ　遠くでかんかん鳴る鐘《かね》の音が聞こえる。

問六　ぼう線部④「根源は同じなんじゃないか」とありますが、それはどのような点で「同じ」ですか。四十字以内で答えなさい。

問七　ぼう線部⑤「年季は入ってる」の本文中における意味として最も適当なものを、次のア～オより一つ選び、記号で答えなさい。

ア　長い間使いこまれている
イ　熟練者に愛用されている
ウ　多くの人に認められている
エ　年老いた人に人気がある
オ　改良の余地がたくさんある

問八　ぼう線部⑥「驚いて柳さんの顔を見ると、事もなげに言った」とありますが、この場面における「僕」と「柳さん」の説明として最も適当なものを次のア～オより一つ選び、記号で答えなさい。

ア　「柳さん」が傲慢《ごうまん》な態度で調律にのぞんでいたことに驚く「僕」に対し、「柳さん」は堂々としていた。
イ　「柳さん」が針をいつもより多めに刺していたことに驚く「僕」に対し、「柳さん」は自信満々であった。
ウ　「柳さん」が長年の理想を追い求め続けていることに驚く「僕」に対し、「柳さん」は意気揚々《いきようよう》としていた。
エ　「柳さん」が依頼された通りに調律しなかったことに驚く「僕」に対し、「柳さん」は平然としていた。
オ　「柳さん」が「依頼主」をだましていたことに驚く「僕」に対し、「柳さん」は興奮した様子であった。

問九　ぼう線部⑦「記憶のほうがついていく」とはどのようなことですか。四十五字以内で答えなさい。

問十　ぼう線部⑧「醍醐味」とありますが、ここでの意味とほぼ同じものを本文中より二字でぬき出しなさい。